Ein Handbuch für
leidenschaftliche Gastgeber und ihre Gäste

DAS 9×9 DER GASTGEBEREI

FRANZISKA BRÜNDLER
SIMONE MÜLLER-STAUBLI

INHALT

VORWORT

Wie alles entstand …

Unser gemeinsamer Geburtstag am 9.9.2013 und die Luzerner Designplattform B16 im Abbruchhaus brachten uns auf die Idee: Wir beschlossen, zu diesem besonderen Anlass für je 9 Gäste 9 Gänge zu kochen – ein ambitioniertes Unterfangen. Am Mittag gönnten wir uns erst einmal einen Apéro, um uns auf das gewagte Vorhaben einzustimmen, und machten uns dann frohen Mutes auf zum Einkauf. Da Fertigspätzli gerade im Angebot waren, kauften wir sicherheitshalber reichlich davon. Ziel war es, ein sauberes Mise en Place vorzubereiten und uns anschliessend zu Hause frisch zu machen, um dann als perfekte Gastgeberinnen entspannt unsere Gäste empfangen zu können. Aus der Dusche wurde nichts: Wir hatten uns mit dem Menu etwas übernommen, und die gekauften Spätzli mussten leider zum Einsatz kommen. Von den kleinen Missgeschicken und unserem Vorbereitungsstress merkten unsere Gäste aber nichts, denn wir gingen voll in unserer Rolle als Gastgeberinnen auf. Der Abend gefiel, und die Idee 9×9 war geboren: während 9 Monaten jeweils am 9. des Monats ein Dinner in 9 Akten im Schaufenster des B16 zu servieren.

Gesagt, getan. Zusammen mit kreativen Köchen setzten wir unser Konzept um und konzentrierten uns fortan auf unsere Rolle als Gastgeberinnen. Bereits nach wenigen Wochen waren alle Abende ausgebucht. Die fröhlichen Begegnungen an den langen Tischen, die kulinarischen Highlights in Begleitung harmonisch abgestimmter Weine und die herzliche Atmosphäre machten den Erfolg aus. Schnell war klar: Ein Supplement der besonderen Art musste her. So entstand im April 2014 für 9 Abende Luzerns erstes Pop-up-Restaurant. Dass es im Jahr darauf eine zweite 9×9-Serie und ein weiteres Pop-up-Restaurant geben musste, verstand sich von selbst. Nach insgesamt 34 Abenden mit 1699 Gästen, an denen wir während 15 291 Akten Gastgeberinnen sein durften, wollten

wir nicht einfach so sang- und klanglos aufhören. Zu sehr gefiel uns die Rolle als Gastgeberinnen, und immer öfter fragten wir uns:

Was macht gute Gastfreundschaft aus?

Es gibt kaum etwas Schöneres und Persönlicheres, als Freunde, Familie und Bekannte an den eigenen Tisch einzuladen und zu verwöhnen. Die Gastfreundschaft ist Ausdruck der Wertschätzung und verlangt nach einem passenden Rahmen. Eine Einladung soll für die Gäste zu einem rundum gelungenen Anlass werden, während sie gleichzeitig die Nerven des Gastgebers nicht allzu sehr strapazieren darf. Ein guter Gastgeber zu sein, braucht deshalb etwas Übung, einiges an Gelassenheit und viel Arbeit. Und damit wird das Empfangen von Gästen zur Gastgeberei – so wie die Druckerei, die Schreinerei oder die Bäckerei; ein kunstvolles Handwerk, das erlernt werden kann und Leidenschaft für die Materie, Ausdauer in der Umsetzung und Kreativität in der Weiterentwicklung erfordert. Die Rolle des Gastgebers beginnt nicht erst, wenn sich die Gäste an den Tisch setzen, sondern bereits bei der Vorbereitung, und hört erst dann wieder auf, wenn die Einladung zu einer schönen Erinnerung wird.

Aber was macht es aus, dass die Einladung Gästen und Gastgeber gleichermassen Freude bereitet? Dieser Frage möchten wir in unserem Buch nachgehen, gemeinsam mit Experten, die unsere Leidenschaft für gepflegte Tafelkultur, kulinarische Genüsse und einzigartige Erlebnisse teilen, abgeschmeckt mit Fakten, Ideen und Erfahrungen: Das kleine 9×9 der Gastgeberei – eine Anleitung in 9 Akten für leidenschaftliche Gastgeber und jene, die es werden möchten. Wir freuen uns, wenn du gemeinsam mit uns das Handwerk der Gastgeberei praktizierst und unserer Einladung durch das Buch hindurch folgst.

DEINE GASTGEBERINNEN
SIMONE UND FRANZISKA

PS: Fragst du dich gerade, ob wir keine Manieren haben, weil wir dich duzen? Ganz im Gegenteil. Wir möchten, dass du dich als unser Gast gut aufgehoben und wie bei einer Einladung «unter Freunden» fühlst. Und selbstverständlich ist auch die Gastgeberin angesprochen, wenn wir im Buch vom Gastgeber reden. Wir haben uns entschieden, der Lesefreundlichkeit halber die männliche Form zu wählen.

PPS: Das Haus, in dem sich das B16 befand, ist übrigens inzwischen abgerissen. Das 9×9-Dinner gibt es aber weiterhin. Während 9 Monaten, von September bis Mai, servieren wir jeweils am 9. des Monats ein Dinner in 9 Akten in einer ehemaligen Druckerei in Luzern. Mehr dazu erfährst du unter www.9mal9.ch.

AUFT-
AKT

Neun Gedanken, die wir dir für die Lektüre dieses Buches mit auf den Weg geben möchten:

①

Du alleine bist der Gastgeber – gestalte deine Einladung so, dass du dich wohlfühlst dabei und sie zu dir passt.

②

Alles darf, manches sollte, nichts muss.

③

Die Gastgeberei ist keine exakte Wissenschaft. Unsere Tipps basieren zwar auf fundiertem Fachwissen, aber immer auch auf unseren ganz persönlichen Erfahrungen.

④

Erfahrung kommt mit der Zeit. Keiner macht von Beginn an alles richtig – und Perfektion ist sowieso langweilig.

⑤

Probieren geht manchmal über Studieren. Hast du einmal das Grundhandwerk erlernt, kannst du deiner Kreativität freien Lauf lassen.

⑥

Spass und Freude stehen an erster Stelle. Eine Einladung soll ein Vergnügen sein – nicht nur für die Gäste, sondern auch für den Gastgeber.

⑦

Eine Anleitung für den leidenschaftlichen Gastgeber wäre unvollständig, ohne ab und zu auf die Rolle des Gastes einzugehen. Darum beleuchten wir hin und wieder auch die andere Perspektive.

⑧

Wir sind auch selbst gerne Gast. Auch (und manchmal vor allem) bei Gastgebern, die alles anders machen als wir.

⑨

Dazulernen kann man immer. Wir freuen uns, wenn wir auch von deinen Erfahrungen profitieren dürfen. Schreib uns an: hunger@9mal9.ch.

ZWEI GASTGEBERINNEN

FRANZISKA
BRÜNDLER

SIMONE
MÜLLER-STAUBLI

Eigentlich in der Designbranche zu Hause, ist Franziska fasziniert von der Welt des kulinarischen Genusses. Dies so sehr, dass sie ihre Faszination fürs Kochen als Küchenpraktikantin bei einem Sternekoch vertiefte, um im privaten Rahmen ihre Gäste besser verwöhnen zu können. Wenn sie nicht gerade Gäste empfängt, kümmert Franziska sich als Unternehmerin um ihr eigenes Label *Fidea Design*, organisiert *DesignSchenken*, die Luzerner Designtage, und berät Firmen in Sachen Design und Kommunikation.

Nachdem sie die Hotelfachschule in Lausanne absolviert hatte, lernte Simone ihre Branche in all ihren Facetten kennen. Sei es aus der Perspektive des Lieferanten, des Hoteliers, des Kunden, des Gastes oder des Beraters: Ihr Herzblut ist und bleibt die Gastronomie. Das Restaurant *Mill'Feuille,* die *Brasserie Bodu* und der *Friendly Dinner Club* sind nur einige der Konzepte, die sie heute im Bereich Kommunikation betreut. Umso mehr geniesst sie es, zu Hause einfach nur Gastgeberin zu sein und Zeit für ihre Gäste zu haben.

NEUN EXPERTEN

ANDRÉ BACHMANN
LICHTEXPERTE

Dank ihm ist unsere Location B16 im
Abbruchhaus entstanden und damit
auch die Idee zu 9×9. Seither sorgt er
dafür, dass unser Dinner ins rechte
Licht gerückt wird. André hat das
Leuchtenunternehmen *Sphinx Lichttechnik AG* aufgebaut und unterstützt
lichtaffine Gastgeber in ihrem privaten Umfeld bei der Umsetzung
ihrer Beleuchtung.

ARNO HEIJBOER
WEINEXPERTE

Die Leidenschaft des gebürtigen
Niederländers gilt den Schweizer
Weinen. Als Sommelier entführt
er mit viel Herzblut unsere 9×9-
Gäste in die Welt des Weins. Wenn
er sich nicht um unsere Gäste kümmert, dann um seine Kunden, die
er als Weinberater bei der Firma
Hammel SA unterstützt.

EVELYNE RAST
KAFFEEEXPERTIN

Gute Qualität ist Pflicht – deshalb
bieten wir unseren 9×9-Gästen auch
nur Kaffee aus der Gourmetrösterei
an. Evelyne führt das Familienunter-
nehmen *Rast Kaffee AG* in die nächste
Generation. Leidenschaftliche Gastgeber können in ihrer Akademie alles
lernen, was es braucht, um Gästen
den perfekten Kaffee zu servieren.

LISA BUCHECKER
STILEXPERTIN

SANDRO CORRÀ
GESCHMACKSEXPERTE

THIERRY FUCHS
FOODSTYLINGEXPERTE

Sie sorgt in Luzern für «Design bei Tisch» und unterstützt uns in unserem Bestreben, Gastgebern die gepflegte Tafelkultur näherzubringen. Lisas Table-Top-Fachgeschäft *Cascade* ist für leidenschaftliche Gastgeber genau der richtige Ort, um mehr über den gedeckten Tisch zu erfahren und sich mit Besteck, Geschirr und Gläsern einzudecken.

Dank Sandros solider Kochkunst, seiner überraschenden Geschmacks-kombinationen und seiner fröhlich-pragmatischen Art können wir uns bei Hektik am Herd sorglos um unsere Gäste kümmern. In den Genuss seiner Kreationen kommen Gastgeber, die nicht selbst kochen, sondern ihre Einladung in begabte professionelle Hände geben möchten.

Die kreativen Menukompositionen und die Präsentation der Gerichte auf dem Teller tragen die Handschrift des ausgewiesenen Foodstylisten. Wenn er nicht gerade unsere 9×9-Gäste kulinarisch verwöhnt, reist Thierry an Fotoshootings und rückt dort Speisen ins rechte Licht. Dass er das auch für dieses Buch getan hat, versteht sich von selbst.

MICHÈLE SÉGOUIN
KNIGGEEXPERTIN

Als Anstandsdame achtet sie darauf, dass aus uns allen galante Gastgeber und Gäste werden. Das Schöne dabei: Auch für sie ist gesunder Menschenverstand wichtiger als starre Benimmregeln. Als Gastronomin versteht sie es, in ihren Kursen wissbegierigen Zuhörern die im Grunde trockene Materie leicht bekömmlich zu servieren.

TONI ODERMATT
KÄSEEXPERTE

Er ist das Gesicht der *Geissäheimet Meierskählen* und jeden Samstag mit seinem Stand am Wochenmarkt Luzern im Helvetiagärtli anzutreffen. Uns gefällt sein Anspruch, uns Städtern die auf der «Heimet» verarbeiteten Geissenprodukte näherbringen zu wollen und gleichzeitig bei der Verarbeitung das Tierwohl an die erste Stelle zu setzen.

TONI SCHÜRCH
DIGESTIFEXPERTE

Seine Obstbrände werden in der hauseigenen Brennerei hergestellt. Als Mitinhaber der *Schürch Getränke AG* vertreibt er die Marke Amstutz und berät spirituoseninteressierte Gastgeber auch gerne im Getränkemarkt in Rothenburg. Seine Idee: über herausragende Produkte das Image der Schweizer Fruchtdestillate zu fördern.

Werkzeug

ERSTER
AKT

————

Dass in einem Abbruchhaus wie dem B16 eine neue und voll funktionsfähige Küche und stimmungsvoll ausgeleuchtete Tische standen, war so einzigartig wie ungewöhnlich und für uns als Gastgeberinnen die perfekte Ausgangslage. Allerdings lassen sich allein damit noch keine Gäste verwöhnen. So räumten wir für unser erstes 9×9-Dinner kurzerhand unsere privaten Küchen zu Hause aus und besorgten Teller, Besteck und Gläser. Es funktionierte, brauchte aber einiges an Organisation, bis nach und nach alles Nötige beisammen war. Einfacher wäre es gewesen, die Küche gleich von Anfang an mit einer Grundausrüstung auszustatten.

BASISVORRAT

Egal, ob Gäste spontan vorbeikommen oder du ein grosses Menu planst: Einen Basisvorrat an Nahrungsmitteln, Gewürzen, Kräutern und Getränken solltest du immer zu Hause haben. Damit lassen sich Gerichte für Überraschungsgäste zaubern, Missgeschicke kaschieren und Gänge kreativ erweitern.

Gastgeberei-Tipp

IM NOTFALL

Ob Erbsen, Beeren oder Glace – im Tiefkühler ein paar Notfallprodukte bereitzuhalten, zahlt sich aus. Aus Erbsen lässt sich im Nu eine Suppe, ein Vegi-Gericht, ein Salat oder eine Gemüsebeilage zaubern. Aus Beeren kannst du im Handumdrehen nicht nur ein fruchtiges Apérogetränk, sondern auch ein Dessert machen. Die neutrale Glace auf Milchbasis – mit Gewürzen abgeschmeckt – hilft als Zwischengang, Wartezeiten zu überbrücken, und lässt spontane Dessertvariationen zu.

IM KÜHLSCHRANK

- Bier (auch alkoholfrei)*
- Butter*
- Eier*
- Joghurt
- Käse
- Ketchup
- Mayonnaise
- Milch*
- Mineralwasser
- Orangensaft
- Rahm
- Schaumwein (Prosecco, Sekt usw.)
- Senf*
- Süssgetränke (Limonade, Crodino, Tonicwater usw.)
- Weisswein*
- Zitrone

IM GEWÜRZSCHRANK

- Anis
- Bouillon*
- Chili
- Ingwer
- Koriander
- Kümmel
- Kurkuma
- Lorbeerblätter
- Majoran
- Mohn
- Muskatnuss
- Nelken
- Oregano
- Paprika (süss, scharf)*
- Pfeffer (schwarz, weiss oder rosa)*
- Safran
- Salz und Fleur de Sel*
- Senfkörner
- Thymian
- Vanille (Paste oder Schoten)
- Zimt*

IM KRÄUTERGARTEN

- Basilikum*
- Dill
- Estragon
- Koriander
- Majoran
- Minze*
- Oregano
- Petersilie
- Rosmarin*
- Salbei
- Schnittlauch
- Thymian
- Verveine
- Zitronenmelisse

IM VORRATSSCHRANK ODER IM KELLER

- Apérosnacks*
- Backpulver
- Brot (trocken oder Paniermehl)
- Couscous/Linsen
- Essig (Balsamico, 1–2 andere Sorten)*
- Essig-/Ölgemüse
- Früchte, getrocknet
- Gelatine (vegetarisch: Agar-Agar)
- Guetzli*
- Honig/Konfitüre/Gelée*
- Kaffee/Tee*
- Kartoffeln
- Mehl*
- Nüsse (ganz/gemahlen)
- Öl (Oliven-, Raps-, Sesamöl)*
- Pasta (Spaghetti, Nudeln usw.)*
- Reis (Basmati, Risotto usw.)*
- Rotwein*
- Schokolade (inkl. Schokopulver)
- Sirup
- Speisestärke
- Spirituosen
- Tomaten (Mark, aus der Dose)*
- Vanillezucker
- Zucker (inkl. Puderzucker)*
- Zwiebeln/Knoblauch*

IM TIEFKÜHLER

- Beeren
- Eiswürfel*
- Erbsen
- Glace (Fior di Latte oder Naturjoghurt)
- Brot, glutenfrei
- Käse, gerieben*
- Kroketten

* Ein Muss im Basisvorrat.

KÜCHENHELFER

Mit den richtigen Utensilien geht das Kochen gleich viel leichter von der Hand. Um für die Menuvorbereitungen gewappnet zu sein, empfiehlt es sich, eine Grundausstattung an Küchenhelfern anzuschaffen. Einige dieser Utensilien sind unverzichtbar, andere können auch ersetzt oder weggelassen werden.

MESSER

① Brotmesser*
Auch praktisch zum Schneiden von Früchten und Gemüse mit fester oder glatter Rinde wie Melonen, Ananas und Auberginen.

② Lachsmesser
Die lange und flexible Klinge mit beidseitig versetzt angebrachten Einkerbungen schneidet hauchdünne Scheiben aus Lachs und anderen rohen oder geräucherten Fischen.

③ Käsemesser
Je nach Art des Käses werden verschiedene Messer verwendet – für sehr harten Käse nimmt man einen sogenannten Parmesanstecher, für weichen Käse ein Messer mit Einkerbungen oder Löchern, damit der Käse nicht kleben bleibt.

④ Rüstmesser*
Mit Zacken für glatte Oberflächen wie Tomaten, damit die Klinge greifen kann, und ohne Zacken für Schnitte, die keine Schneidespuren hinterlassen sollen.

⑤ Schere
Zum Schneiden von Kräutern und zum sauberen Auftrennen von Verpackungen.

⑥ Sparschäler*
Zum Schälen von Früchten und Gemüse, aber auch für dekorative Streifen.

⑦ Tortenmesser
Die stabilisierende Schneidehilfe ist auch praktisch für Terrinen und geeistes Parfait.

⑧ Tranchiermesser
Vorgesehen zum Schneiden von Fleisch. Geeignet zur Verarbeitung von rohen Speisen mit der langen, sehr scharfen Klinge und als Servierbesteck für das gegarte Fleisch. Das dekorative Messer und die dazugehörige Gabel dienen zum Tranchieren und Stabilisieren des Bratens am Tisch.

⑨ Universalmesser*
Das gängigste Messer in der Küche; zur Verarbeitung von Fleisch, Gemüse und Früchten in allen Formen und Grössen.

⑩ Wetzstab/-stahl
Der Schleifstab hat einen fixen Schutz für die Hand, damit die Schleifbewegung nicht zu gross wird. Ebenfalls praktisch ist der Schleifstein; damit kommen auch weniger Geübte zu einem scharfen Ergebnis.

⑪ Zestenreisser
Zur Gewinnung der ätherischen Zitrusöle und zum Abschaben von dekorativen Orangen- und Zitronenzesten.

* Ein Muss in der Grundausstattung.

Gastgeberei-Tipp

MESSERKOFFER

In einem sogenannten Messerkoffer sind alle nötigen Messer assortiert, müssen nicht einzeln beschafft und können dort praktisch aufbewahrt werden. Noch besser ist es, diesen selbst mit seinen Favoriten zu bestücken!

Der richtige Umgang

Messer ist nicht gleich Messer: Primär ist wichtig, dass es praktisch ist und der Gastgeber sich im Umgang damit wohlfühlt. Es bringt nichts, wenn du dir grosse Messer anschaffst, nur weil professionelle Köche damit arbeiten, du selbst aber mit einem grossen Messer gar nicht umgehen kannst. Und es ist auch nicht jedes Messer für jeden Arbeitsschritt geeignet. Probiere aus, was am besten zu dir passt, und lass dich im Fachgeschäft beraten.

Griff

Ob Kunststoff, Holz oder Edelstahl: Aus welchem Material der Griff bestehen soll, hängt von der Präferenz des Nutzers und vom Budget ab. Der Griff sollte aber auf jeden Fall so geformt sein, dass er gut in der Hand liegt.

Klinge

Kopfgeschmiedeten Messern mit durchgehender Klinge bis zum Ende des Griffs ist der Vorzug zu geben. Bei gesteckten Messern ist die Kraftübertragung aus der Hand ungenügend. Wichtig ist bei Klingen, dass sie fein geschliffen sind. Je härter ihr Stahl auf der Rockwell-Skala, desto länger bleibt die Klinge scharf.

Schneideunterlage

Bretter aus Holz und Kunststoff schonen die Klinge. Bei härteren Materialien werden die Messer schnell stumpf.

① Prävention

Mit dem Messer in der Hand sorgfältige Bewegungen ausführen und konzentriert arbeiten. Beim Herumlaufen zeigt die Messerspitze nach unten und der Messerrücken nach vorne.

② Hinlegen

Nach Gebrauch das Messer so hinlegen, dass niemand es im Vorbeigehen aus Versehen anstossen kann.

③ Schneiden

Fingerspitzen nach innen krümmen und Messer am Fingerrücken entlang führen. Klinge nur so hoch heben wie nötig. Schneiden heisst, mit wenig Druck das Messer hin und her zu schieben, bis das Stück durchtrennt ist – zu schneidendes Material also nicht «quetschen».

④ Reinigung

Obwohl es bequem wäre: Das Messer gehört nicht in die Spülmaschine, denn diese macht die Klinge stumpf. Am besten ist es, das Messer gleich nach Gebrauch zu spülen und auf keinen Fall einfach in den Spültrog zu legen – die Verletzungsgefahr ist zu gross. Anschliessend – vom Klingenrücken her kommend – abtrocknen. Nie mit der Klinge gegen dich putzen oder trocknen, da du dich leicht verletzen könntest.

⑤ Schleifen

Messer werden langsam stumpf; dies ist im täglichen Gebrauch kaum spürbar. Geübte Köche sollten deshalb das Messer alle zwei bis drei Monate an einem Wetzstab selbst nachschleifen. Alternativ kannst du ein anderes Schleifgerät anschaffen oder es im Fachgeschäft machen lassen.

Aufbewahren

Ob im Messerblock, am Magnetbrett oder in der Schublade mit Klingenschutz: Wichtig ist, dass Messer sauber und trocken gelagert werden und niemand versehentlich verletzt wird.

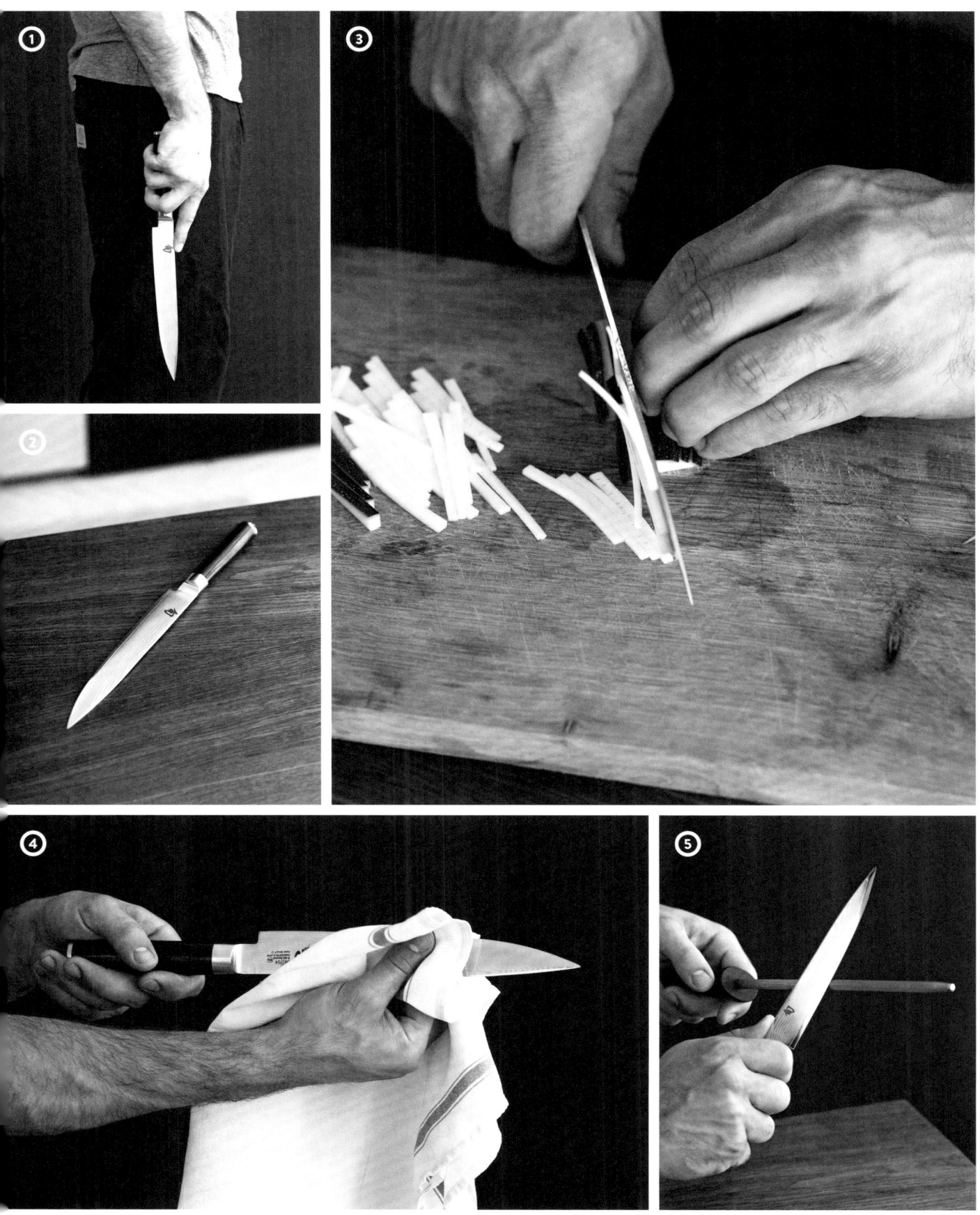

DER PASSENDE SCHNITT

Jede Klinge hat ein anderes Einsatz-
gebiet. Die richtige Schnitttechnik
garantiert Qualität und Vielfalt auf
dem Teller – optisch wie auch im
Genuss. Garmethode und Garzeit un-
terscheiden sich je nach Schnittart.

KÜCHENGERÄTE

Beim Umsetzen der Rezepte muss der Gastgeber einige Hürden meistern, die aber mit den richtigen Küchenutensilien problemlos genommen werden. Sind diese nicht vorhanden, lohnt es sich, kreativ zu werden – es gibt oft eine Alternativlösung. So kann zum Beispiel für die Zerkleinerung der Nüsse statt des Mörsers ein Wallholz verwendet werden. Die Abbildung zu den Nummern ist auf Seite 28.

① Bunsenbrenner
Effektvoll karamellisieren – von der Crema Catalana bis zum Ziegenkäse lässt sich vieles damit zubereiten – auch spannende Eigenkreationen.

Dosenöffner*
Unabdingbar, um die Pelati für die Tomatensauce zu öffnen oder den Thunfisch für das Vitello tonnato.

Eismaschine
Glace selbst machen: Die Masse in die Maschine füllen und den Startknopf drücken. Alternativ (und deutlich aufwendiger) die Masse in den Tiefkühler stellen und alle zehn Minuten mit dem Schwingbesen durchrühren.

Entsafter
Frucht- und Gemüsesäfte lassen sich so mit minimalem Abfall herstellen. Funktioniert auch für kalte Suppen.

② Espumaflasche
Schaum und Mousse aus der Flasche lassen sich in unzähligen Varianten herstellen – süss, salzig oder als klassischer Schlagrahm. Beim Anrichten ist dir der Profieffekt gewiss.

Kaffeemaschine
Für Kaffeetrinker gehört diese Maschine unbedingt in die Küche.

Hand-/Stabmixer*
Zum Pürieren oder Schlagen – schnell und sauber. Achtung: nicht am Schüsselrand abklopfen – dies beschädigt das Gerät. Anhaftende Resten unter fliessendem Wasser abspülen.

Passevite
Für Pürees nicht den Mixer nehmen, sonst werden sie zu Brei.

Pastamaschine
Hausgemachte Pasta ist einfach herzustellen und effektvoll – sei es als gefüllte Pasta oder als Nudeln in allen Breiten. Funktioniert auch, wenn für selbst gemachte Grissini der Teig dünn ausgewallt werden soll.

Salatschleuder
Salat soll zwar gewaschen werden, das Wasser muss aber weg, bevor er in die Schüssel kommt. Eignet sich auch zum Trocknen von Kräutern.

Toaster
Für schnelles und gleichmässiges Rösten von Brotscheiben.

Waage*
Um Zutaten grammgenau abzuwiegen.

Wasserkocher
Auf kochendes Wasser zu warten, ist nicht nötig, wenn man einen Wasserkocher hat. Dieser erhitzt das Wasser nicht nur schneller als eine Pfanne, heisses Wasser kann auch darin aufbewahrt werden, bis es für den nächsten Arbeitsschritt gebraucht wird.

* Ein Muss in der Grundausstattung.

Gastgeberei-Tipp

EINE FÜR ALLE

Haushaltsmaschinen vereinen verschiedenste Funktionen in einer einzigen Maschine. So muss nicht für jeden Arbeitsschritt eine eigene Maschine gekauft werden, sondern nur der Aufsatz. Die Qualität der Maschine ist dabei zentral, damit diese beim Teigkneten nicht überhitzt oder die komplette Küche vollspritzt.

Die Abbildung zu den Nummern ist auf Seite 28.

Auflauf- und Gratinform*

Ist in diversen Grössen, aus Metall, feuer- oder ofenfestem Porzellan oder hitzebeständigem Glas, eckig oder rund, mit niedrigem oder hohem Rand erhältlich. Diese Formen sind nicht nur im Ofen, sondern auch sonst in der Küche oder auf dem Tisch vielseitig einsetzbar.

Cakeform

Mit verstellbarer Länge; eignet sich auch für Terrinen oder Parfaits.

③ Dessert- /Servierring

Für Torten, die nicht gebacken werden, und Törtchen mit flüssigem Kern ohne Boden. Auch praktisch für «sensible» Konstruktionen. So werden Stärkebeilagen, Gemüse usw. mit Hilfe des Stempels oder eines Löffels in eine runde und kompakte Form gebracht.

Gugelhopfform

Die Form für den Klassiker.

Kirschenentsteiner

Entfernt schnell und mühelos den Stein, ohne die Kirsche zu zerquetschen.

Muffinförmchen

Für süsse und salzige Varianten, in verschiedenen Grössen erhältlich. Die kleinste Grösse ist ideal für Häppchen.

Quiche- oder Kuchenform

Aus Metall oder Porzellan, für Wähen und flache Kuchen aller Art.

Schaber*

Um Schüsseln ohne grossen Verlust zu leeren und Massen glatt zu streichen.

Souffléförmchen

Die runden Förmchen – egal, ob aus Glas, Porzellan oder Metall – sind optimal, um herzhafte oder süsse Soufflés zuzubereiten. Die Förmchen – zum Beispiel von Weck – sind aber auch ideal zum Servieren von Dips, Snacks, Nüssen oder Antipasti und dekorativ genug, um für Desserts verwendet zu werden.

Springform

Für Kuchen und Torten aller Grössen. Der Boden bleibt stabil, wenn der Ring durch die Klickfunktion vom Rand gelöst wird.

Terrinenform

Ein Muss für den Profi, je nach Präferenz in Tunnel-, Kasten- oder Trapezform. Neben der klassischen Terrine lassen sich damit auch Mousse, Parfait oder Sülze produzieren.

Gastgeberei-Tipp

LEICHT GELÖST

Es ist wichtig, eine Terrinenform kurz zu befeuchten, damit die Klarsichtfolie haften bleibt, die es braucht, um die Form auszukleiden. So ist garantiert, dass sich auch heiklere Terrinen schadlos lösen lassen.

④ Wallholz

Um Teige aller Art regelmässig auszurollen und auf die nötige Grösse zu bringen. Für die richtige Dicke sorgen die Distanzringe – abnehmbare Scheiben – oder herkömmliche Teighölzer. Wallhölzer aus Marmor sind übrigens aufgrund ihrer kühlenden Wirkung ideal für Teige, die leicht kleben.

* Ein Muss in der Grundausstattung.

ZUM KOCHEN

Die Abbildung zu den Nummern ist auf Seite 28.

⑤ Fleischklopfer

Zum «Plätten» für das hauchdünne Schnitzel oder zum «Steaken». Wichtig: Klarsichtfolie zum Klopfen auf das Fleisch legen; dies reduziert die Gefahr, es zu «zerfetzen».

⑥ Gemüsebürste

Entfernt Dreck spielend leicht.

Hobel

Für das Schneiden regelmässiger Scheiben – ob dick oder dünn.

⑦ Julienneschneider

Funktioniert wie ein Bleistiftspitzer und zaubert im Nu perfekte dünne Gemüsestreifen.

Knoblauchpresse

Kein Geruch an den Fingern, kein lästiges Schälen.

Kugelausstecher

Auch Pariser Löffel genannt, wird zum Ausstechen von Melonenkugeln, Kartoffelperlen usw. benutzt.

⑧ Messbecher*

Zum Abmessen der Mengen – dank der innen markierten Schrägfläche sehr praktisch auch von oben. Wichtig ist die Einkerbung beim Ausguss. Damit lässt sich übrigens auch Suppe ohne zu kleckern in den Teller giessen.

Mörser

Für die Krustenmasse, oder um aus Ganzem Zerstossenes zu machen.

Nussknacker

Frische, nicht geschälte Nüsse zu knacken, braucht Zeit und Kraft; mit dem Nussknacker geht es viel schneller.

Pinsel*

Zum Anbringen von Glasuren, Eigelb, Aufstrichen usw. Ideal mit Silikonborsten für hygienische Zwischenräume.

⑨ Raffel*

Verschiedene Grössen von fein für Muskat bis grob für Äpfel – zwei Grössen in einem kombiniert, spart Platz.

⑩ Schneidebrett*

Aus hygienischen Gründen Unterlagen in verschiedenen Farben benutzen. Das abgebildete Modell ist multifunktional (rutschfest, spülmaschinentauglich usw.)

Schwingbesen/Rührkelle*

Zum Vermengen und Aufschlagen.

Sieb*

Von fein bis grob, von klein zum Rausfischen bis gross zum Passieren.

Mit einem Löffel langsame Bewegungen im Sieb machen, damit es schneller geht. Wenn es noch feiner werden soll als mit dem feinsten Sieb, geht auch ein sauberes Küchentuch.

Spätzlisieb

Siebpfanne, durch welche in langsamen Bewegungen mit einem Spachtel die dickflüssige Masse gezogen wird. Während des Kochens das Sieb vom Dampf wegziehen, damit die restliche Masse darin nicht fest wird. Kalt abwaschen geht übrigens leichter.

Thermometer

Unterschiedliche Modelle für die richtige Temperatur von Bratgut, Wein oder im Kühlschrank usw.

Trichter

Um Flüssigkeit sauber in eine enge Öffnung zu giessen.

⑪ Wender*

Damit beim Wenden nichts beschädigt wird, einen dem Bratgut angepassten und vom Material her zur Pfanne passenden Wender zu Hilfe nehmen.

Zitruspresse

Limetten, Zitronen, Orangen usw. schnell und praktisch pressen.

* Ein Muss in der Grundausstattung.

Beim Anrichten muss jeder Handgriff sitzen. Um dabei schön, sauber und effizient arbeiten zu können, lohnt es sich – neben dem Topflappen, um sich die Finger nicht zu verbrennen – die richtigen Utensilien zu Hilfe zu nehmen.

⑫ Dekorationslöffel

Mit Hilfe des elegant geschwungenen Ausgusses lassen sich dekorative Muster auf den Teller zaubern.

Kugellöffel / Glaceportionierer

Eignet sich, um schöne Glacekugeln zu machen, aber auch hervorragend für Pürees, die kompakt auf den Teller gebracht werden.

Kelle*

Zum Schöpfen von Saucen, Abschöpfen von Schaum und mit Löchern auch zum Herausheben der gekochten Ravioli.

⑬ Pinzette

Für filigrane Dinge wie kleine Kräuter, hauchdünne Dekorationen und alles andere, wofür die Finger zu grob sind, eignet sich eine Pinzette. Die geriffelte Greiffläche des geraden Modells verhindert das Wegrutschen. Pinzetten mit gekrümmter Spitze erlauben noch präziseres Arbeiten.

⑭ Probierlöffel

Das universelle Probierwerkzeug stellt sicher, dass das Abschmecken vor dem Servieren ganz einfach wird.

⑮ Spatel

Schmale Spatel mit biegsamer Fläche sind geeignet, um etwas glatt zu streichen oder Speisen sicher auf dem Teller zu platzieren.

Tranchiergabel

Mit dieser kann das Fleisch beim Tranchieren durch Andrücken festgehalten werden. Achtung: nicht hineinstechen! Mit der Tranchiergabel können aber auch Nudeln aufgerollt oder Gemüsestreifen eingedreht werden.

Zange

Für grössere Dinge, die zu heiss, zu kalt oder schwer zu fassen sind und trotzdem gegriffen werden müssen, am besten die Zange benützen.

Zapfenzieher*

Das wichtigste Hilfsmittel beim Öffnen einer Weinflasche. Die Wahl des Modells ist sehr individuell. Wichtig ist nur, dass es eine gute Kraftübertragung besitzt und damit das Herausziehen des Korkens erleichtert.

* Ein Muss in der Grundausstattung.

Gastgeberei-Tipp

REINIGUNG

Bei allen Küchengeräten und Utensilien darauf achten, dass sie sich leicht auseinandernehmen lassen, damit sie bis in alle Ecken gereinigt und idealerweise sogar in die Spülmaschine gesteckt werden können.

PFANNEN UND TÖPFE

Die Abbildung zu den Nummern ist auf der nächsten Doppelseite.

Egal, wie kreativ du bist – ohne Pfannen und Töpfe geht in der Küche gar nichts. Die Vielfalt an Materialien, Formen, Grössen und Preisen macht die Kaufentscheidung allerdings nicht leicht. Als Grundsatz gilt: Ein leidenschaftlicher Koch wird nicht glücklich werden mit nur einer Pfannenserie – alles aus dem gleichen Material oder von einem Hersteller reicht nicht. Stattdessen sollte bei der Auswahl die Funktion der Pfannen und Töpfe im Vordergrund stehen. Eine wichtige Rolle spielt zudem die Kochquelle (Gas, Elektrik oder Induktion).

Wie erkenne ich gute Qualität?
Qualitativ hochstehende Produkte sind formstabil und leicht zu reinigen. Im kalten Zustand ist der Boden leicht nach innen gewölbt. So kann er sich unter Hitzeeinwirkung ausdehnen und liegt gleichmässig flach auf der Kochplatte. Gute Pfannen und Töpfe haben einen glatten Schüttrand, damit man Flüssigkeiten gut abgiessen und umschütten kann. Die Griffe sind stabil und rutschfest – und sollten nicht heiss werden.

① Töpfe
Der Topf muss zum Gericht passen. Die Grösse ist abhängig von der Anzahl Gäste, für die man kocht, und der Garmethode. *Wichtig ist:* Lieber zu gross als zu klein, damit es nicht überkocht oder spritzt. Mit drei bis vier verschiedenen Töpfen in unterschiedlichen Grössen bist du gut ausgerüstet. Nach Bedarf kommen folgende Spezialtöpfe hinzu:

② Bräter mit Deckel
Besonders beliebt sind die oft runden Bräter aus Gusseisen, um Braten und Schmorgerichte nach Grossmutters Art zu kochen.

③ Schnellkochtopf
Dank hohem Druck werden Kartoffeln, Hülsenfrüchte und Fleischgerichte in kürzerer Zeit gar als beim konventionellen Kochen. Die kürzeren Garzeiten und das Kochen bei geschlossenem Topf schonen Vitamine und Mineralstoffe.

④ Und welche Bratpfannen?
Antihaftbeschichtet: Diese Pfanne benötigt nur wenig Fett zum Braten und Schmoren; auch ideal für empfindliche Gerichte wie Eierspeisen. Mit hohem Rand und Deckel ist sie vielseitig einsetzbar. Nur mit dafür vorgesehenen Geräten in der Pfanne arbeiten – zerkratzt verliert sie die Antihaftwirkung.

Hoch erhitzbar: Zum scharfen Anbraten von Fleisch – aus Edelstahl, Stahlemail, Eisen oder Gusseisen. Auf die richtige Brattemperatur kommt es an! Wärmetest mit Wasserspritzern auf dem Pfannenboden: Beginnen sie zu perlen, kann es losgehen. Auch hier ist es ideal, wenn man passend zum Gericht verschiedene Pfannengrössen im Schrank hat.

Gastgeberei-Tipp

WASSER SALZEN

Salz immer erst in kochendes Wasser geben, damit auf dem Boden keine Korrosionsflecken entstehen. Diese können langfristig die Pfanne beschädigen.

Auch bei den Pfannen ist es schön, mehr zu haben als nur das Nötigste. Wie wäre es mit Folgendem?

⑤ Crêpespfanne
Diese Pfanne für die hauchdünne Spezialität aus Frankreich hat einen ganz flachen Rand und erlaubt so ein leichtes Wenden der Omelette.

⑥ Grillpfanne
Die Rillen im Boden sind die perfekte Nachahmung des Grillrosts.

⑦ Wok

Bekannt aus Asien und geeignet zum schnellen Rührbraten, Dämpfen und Dünsten von klein geschnittenem Fleisch, Fisch, Geflügel und Gemüse. Dank dem hohen Rand ist er auch ideal zum Frittieren.

Pfannen auf dem Tisch? Ja, aber …

Im Elternhaus am Küchentisch war es üblich – doch heute fragt man sich, ob es angebracht ist, in Anwesenheit von Gästen die Pfannen auf den Tisch zu stellen. Dagegen ist eigentlich nichts einzuwenden, schliesslich schafft es eine gemütliche und familiäre Atmosphäre. Ausserdem bleiben die Gerichte so auch länger heiss. Wichtig: Der Tisch muss mit Untersetzern geschützt werden.

Gastgeberei-Tipp

UNTERSETZER

Damit der Untersetzer zum Blickfang wird, können auch «untypische» Utensilien verwendet werden – solange sie die Hitze ausreichend absorbieren. Warum nicht einmal alte Bücher umfunktionieren?

Richtig reinigen

- Pfannen mit warmem Wasser und einem flüssigen Spülmittel putzen.
- Die Pfannen danach mit einem weichen Tuch trocknen.
- Je nach Material sind die Pfannen spülmaschinenfest.
- Weisse Kalkflecken beseitigt man mit wenigen Tropfen Zitronensaft oder Essig.
- Blaue Flecken entstehen durch Überhitzung und können mit einem herkömmlichen Edelstahlreiniger entfernt werden.

Grillieren

Kaum geht es um Pfannen und Töpfe, kommt auch bald das Thema Grill auf den Tisch. Ob Holzkohle-, Gas- oder Elektrogrill ist die individuelle Entscheidung des Grilleurs. Wichtig ist, dass das Gerät den eigenen Bedürfnissen entspricht. Wer aus Prinzip nur Würste grilliert, braucht kein geschlossenes Grillsystem, und wer gerne auch mal Risotto auf dem Grill macht, ist mit einem Kugelgrill gut bedient.

Wenn der Grill statt im Garten auf dem Tisch steht, scheiden sich die Geister. Für die einen sind Tischgrill und -pizza das Highlight schlechthin, für andere definitiv kein Gästemenu.

Ist es ein unkompliziertes Geburtstagsfest, bei dem auch der Gastgeber möglichst lange am Tisch sitzen soll, oder das Lieblingsessen der Kinder? Warum dann nicht auch mit Gästen den Tischgrill anwerfen?

Fondue und Raclette

Raclette im Ferienhaus und Fondue auf der Terrasse sind für viele hierzulande ein Highlight und Teil unserer Kultur. Es muss allerdings nicht immer nur Brot sein, das in der Käsesuppe gedreht wird. Viele Gäste freuen sich, wenn ihnen auch Kartoffeln und verschiedene Gemüse- oder Früchtesorten zum Eintauchen zur Verfügung stehen. Das Gleiche gilt beim Raclette: Das Käsepfännchen wird gleich viel spannender, wenn darin Speck, Champignons, Zwiebeln usw. gratiniert oder es über der Kerze erhitzt wird. Wenn dann noch eine grosse Auswahl an Essiggemüse dazu gereicht wird, bekommt das traditionelle Essen eine ganz neue Dimension. Auch das Fondue chinoise lässt sich prima anreichern, indem Gemüse oder auch in einem eigens dafür erhältlichen Netz Fisch in der Bouillon mitgekocht werden. Auch bei anderen Varianten, wie Schokoladenfondue, Fondue bourguignonne usw., sind kreative Variationen erlaubt.

GESCHIRR

Wie bei einem Bild der Rahmen, setzt der Teller das Gericht in Szene. Die Grösse und die Konsistenz des Gerichts bestimmen die Wahl des Tellers.

Um ein gewöhnliches Menu zu bestreiten, sind folgende Teller nötig

① Vorspeisenteller, Ø ca. 20 cm (auch für Käse/Dessert geeignet)

② Suppenteller, Ø ca. 25 cm (auch für Pasta/Salat geeignet)

③ Hauptspeisenteller, Ø ca. 28–30 cm (die Höhe des Geschirrspülers berücksichtigen!)

Je gepflegter das Menu, desto mehr Teller kommen zum Einsatz:

④ Amuse-Bouche-Teller

Startet das Menu mit einem Appetitmacher, ist dafür ein entsprechender Teller oder ein Glas nötig; klein und oft kreativ geformt.

⑤ Brotteller

Ist, wie der Name schon sagt, für das Brot bestimmt und kann auch in Form eines Schälchens daherkommen, vor allem, wenn zum Brot Öl serviert wird. Alternativ den Amuse-Bouche-Teller zum Brotteller machen und umgekehrt.

⑥ Dessertteller/Käseteller

Sollen sich die Süssspeise und der Käse vom Rest des Menus abheben, kann dafür ein eigener Teller verwendet werden, der die unterschiedlichsten Formen haben kann.

⑦ Pastateller

Wenn Teigwaren mit viel Sauce serviert werden, dann ist der Pastateller mit Vertiefung ideal. Er kann auch für saucenhaltige Gerichte und modern angerichtete Hauptspeisen verwendet werden.

⑧ Platzteller

Er ist bereits auf dem Tisch, wenn sich die Gäste an den Tisch setzen. Er hält den Platz frei und schützt den Tisch – ob er noch vor dem ersten Gang oder erst vor dem Hauptgericht abgeräumt wird, ist dem Gastgeber überlassen.

⑨ Saucière

Wird die Sauce auf den Tisch gestellt, braucht es das passende Gefäss dazu – inklusive des entsprechenden Saucenlöffels.

Zum Kaffee- und Teeservice gehört das folgende Geschirr

· Tee-, Kaffee- und Espressotassen inklusive Untertassen

· Milch-/Rahmkännchen

· Zuckerdose

Farben und Muster

Obwohl es viele schöne bunte Teller gibt, ist ein weisser Teller die sicherste Wahl, da er nicht wie eine Konkurrenz zum Gericht wirkt. Sobald die Motive auf einem Teller sehr dominant sind, wird die Auswahl des Menus schwierig. Beim Platzteller und beim Kaffeegeschirr können bunte Muster dagegen ein willkommener Farbtupfer sein.

Gastgeberei-Tipp

KREATIVE KOMBINATION

Ein einheitliches Gedeck für sechs Personen sollte vorhanden sein. Je grösser die Gesellschaft, desto verständnisvoller sind die Gäste, wenn verschiedene Tellersets kombiniert werden – vor allem, wenn es sich dabei um schönes Geschirr handelt. Warum nicht sogar zu den Tellern passend anrichten, sodass der Gast nebenan nicht nur einen anderen Teller hat, sondern auch das Gericht darauf etwas anders präsentiert ist. So wird aus einer Not plötzlich ein witziges Highlight.

GLÄSER

Die Auswahl an Gläsern ist riesig, und für jedes Getränk ist ein eigenes Glas erhältlich. Wer immer das passende Glas zum Getränk benutzen möchte, muss eine enorme Auswahl an Gläsern zu Hause haben. Ganz so kompliziert muss es aber nicht sein; nicht jedes Getränk braucht sein eigenes Gefäss. Beim Wein sollte jedoch zumindest darauf geachtet werden, dass die wichtigsten Kategorien bedient werden können. Am einfachsten ist es, universale Gläser und Stielgläser zu benutzen.

Der gute Gastgeber braucht:
· Wassergläser
· Schaumweingläser
· Weissweingläser
· Rotweingläser

Schön, wenn auch diese Gläser vorhanden sind:

① Apéritifglas
Das Becherglas mit dickem Glasboden für Apéritifspirituosen, die auf Eis serviert werden.

② Bierkelch oder Stangenglas
Damit das Bier eine schöne Schaumkrone hat. Eignet sich auch hervorragend für «frozen drinks».

③ Burgunderglas
Für Weiss- und Rotweine aus dem Burgund oder ähnlich gelagerte Weine wie Chardonnay und Pinot noir aus dem Eichenfass sowie generell für Weine in bauchigen Flaschen. Das Pendant dazu ist das Bordeauxglas, das für Weine in schlanken Flaschen gebraucht wird. Grundsätzlich gilt: grosse Gläser für «grosse» Weine, die Luft brauchen, um sich zu entfalten.

④ Champagnerflûte
Das passende Glas für exklusiven Champagner.

⑤ Cocktailschale
Markant durch den langen Stil und die breite Öffnung; perfekt für Cocktailklassiker wie den Cosmopolitan.

⑥ Cognacschwenker
Für Digestifs auf Basis von gebrannten, im Fass ausgebauten Destillaten (auch Armagnac, Calvados usw.), die so ihren Geschmack voll entfalten.

⑦ Grappaglas
Für klare Schnäpse und Obstbrände, also auch für Vieille Prune oder Williams.

⑧ Longdrinkglas
Für Mixgetränke auf Basis von Spirituosen, aufgefüllt mit Säften oder Softgetränken.

⑨ Süssweinglas
Auch für Sherry, Portwein und Madeira geeignet.

⑩ Tumbler
Für Whisky und Cocktailklassiker wie den Negroni.

Gastgeberei-Tipp

ANDERS GENUTZT

Gläser eignen sich nicht nur für Getränke, sondern können auch zur Präsentation von Speisen verwendet werden. So lassen sich Apéronüsse auch in der Cocktailschale hübsch präsentieren, oder das Schichtdessert wird im Cognacschwenker inszeniert.

BESTECK

Ob klassisch aus Silber oder modern aus Edelstahl: Jedes Besteck hat seine Funktion und wird passend zum Gang aufgelegt.

① Amuse-Bouche-Löffel

Das appetitanregende und mundgerecht präsentierte Häppchen wird ganz klassisch auf einem eigens dafür vorgesehenen Probierlöffel gereicht.

② Vorspeise / Käse / Dessert

Käsemesser
Vorspeisenmesser
Vorspeisen- oder Dessertgabel
Suppen- oder Dessertlöffel

③ Messerbank mit Buttermesser

Als Vorrichtung für das Buttermesser leistet die Messerbank gute Dienste, indem sie verhindert, dass das Tischtuch schmutzig wird.

④ Hauptspeise

Pastalöffel
Hauptgerichtmesser
Hauptgerichtgabel
Steakmesser

⑤ Kartoffelgabel

Um sich beim Schälen der heissen «Gschwellti» nicht die Finger zu verbrennen, empfiehlt sich eine Kartoffelgabel.

⑥ Gourmetlöffel

Als Mischform zwischen Fischmesser und Suppenlöffel ist er dazu bestimmt, die Sauce besser von einem flachen Teller aufnehmen zu können.

⑦ Eier- / Kaviarlöffel

Historisch bedingt meist aus Perlmutt oder Horn. Aufgrund des hohen Eiweissgehalts von Eiern wie auch jenem von Fischen, entsteht in Kombination mit Silberbesteck ein unangenehmer Geschmack, und es kommt zu Verfärbungen.

⑧ Heissgetränke

Espressolöffel
Kaffeelöffel
Teelöffel

⑨ Tassenlöffel

Mit grosser Laffe und kurzem Griff praktisch für enger gefasstes Geschirr, damit der Löffel nicht aus der Tasse oder dem Schälchen kippt.

⑩ Weiteres Dessertbesteck

Obstmesser
Obstgabel
Kuchengabel
Eislöffel

⑪ Stäbchen

Für asiatische Gerichte und Sushi.

⑫ Hummerzange und -gabel

Die Zange ist nötig, um die Schale aufzubrechen, und die sehr schmale Gabel dient dazu, das Fleisch aus den Scheren herauszuholen.

⑬ Fischbesteck

Das Fischmesser hat eine breite und stumpfe Klinge, um den Fisch zu zerteilen, ohne die Gräten zu zerschneiden. Mit Hilfe der breiten Fischgabel können Fischfilets besser angehoben werden.

⑭ Schneckenbesteck

Schnecken werden, wenn sie heiss sind, beim Essen mit der Zange gehalten und mit der schmalen Gabel gegessen.

Gastgeberei-Tipp

DOPPELTE MENGE

Als Faustregel gilt: Von den kleinen Gabeln, Messern und Löffeln braucht es die doppelte Anzahl (für Vorspeise und Käse / Dessert), wenn der Gastgeber dazwischen nicht abwaschen möchte.

ZWEITER AKT

———

Als 9×9-Gastgeberinnen ist es unser Ziel, bereits mit der Einladung Vorfreude auf genussvolle Stunden entstehen zu lassen. Am Anfang waren unsere Gäste in erster Linie auch unsere Freunde – da tauschte man sich auch einmal mündlich oder per SMS aus. Über die Monate kamen aber immer mehr Gäste dazu, die wir im Vorfeld nicht kannten. Dies hatte einen grossen Einfluss auf die Formulierung und die Präsentation unserer Einladungen. Unsere Einladungsbotschaft soll die Wertschätzung, die wir unseren Gästen entgegenbringen, unterstreichen und Spannung aufbauen. Die Gäste erhalten so nicht nur alle für sie wichtigen Informationen, sondern auch einen ersten Eindruck von uns und unserem Selbstverständnis als Gastgeberinnen.

Wir widmen der Einladung gerne ein spezielles Thema und machen uns frühzeitig Gedanken darüber, was sich daraus Witziges machen lassen könnte. So sorgte das Novemberthema «Meet z'gte» bereits im Vorfeld für Gesprächsstoff, zumal eine «Metzgete» nicht jedermanns Sache ist. Dabei wollten wir doch nur «viele zusammenbringen», weil wir es schön fanden, die Gäste auch einmal an einem Sonntag zum Ausgehen zu bewegen. Auch das «Safran-Znacht», als Hommage an die Luzerner Fasnacht gedacht, warf Fragen auf, die wir uns gar nicht gestellt hatten: «Muss ich verkleidet kommen?» – Nein, aber die Idee ist gut!

GÄSTE

Wieso einladen? Grundsätzlich: weil man gerne Gastgeber ist und Gäste hat. Es gibt viele gute Gründe, Gäste zu bekochen. Ein festlicher Anlass, der Wunsch, Zeit mit Freunden zu verbringen, ein Tête-à-Tête mit der oder dem Liebsten oder ganz einfach die Lust, mal wieder richtig zu kochen, sind nur einige davon.

KOCHMUFFEL?

Doch nicht jeder, der gerne einlädt, steht auch gerne selbst hinter dem Herd. Kein Gastgeber sollte sich gezwungen fühlen, seine Gäste selbst zu bekochen. Es gibt genug Ausweichmöglichkeiten: die Einladung ins Restaurant, den Störkoch, der sich zu Hause um das Menu kümmert, oder die einfache kalte Platte mit Brot – die Gäste werden es genauso schätzen.

Wichtig ist, sich im Vorfeld Gedanken über den Rahmen zu machen. Dabei solltest du dir folgende Fragen stellen:

- Wird die Einladung klein, aber fein oder eher gross und üppig?
- Wie viele Plätze, Stühle, Teller, Gläser usw. habe ich, und wie viele Gäste kann ich einladen?
- Welche Gäste passen zusammen?
- Welches Budget habe ich für die Einladung; soll sie urchig-unkompliziert oder festlich-gediegen daherkommen?

Wen lade ich ein und wieso?

Auf die geschickte Zusammenstellung der Gäste ist besonders zu achten. Hier entscheidet sich, ob die Einladung als gelungener gesellschaftlicher Anlass in Erinnerung bleiben wird. Hierzu ein paar Denkansätze:

FAMILIE

Die Eltern, Geschwister, Kinder usw. sind einem oft so nah, dass viel zu selten eine richtige Einladung ausgesprochen wird. Dabei hat man so viele gemeinsame Erinnerungen und sich auch heute viel zu erzählen. Grund genug, alle am Familientisch zu vereinen und bei dieser Gelegenheit auch der einsamen Tante wieder einmal einen fröhlichen Abend zu bescheren.

Aber nicht vergessen: Jedes Familienmitglied hat seine «Rolle», und so eng die Verbindung auch ist, sie ist emotionsgeladen und voller Stereotypen aus der Vergangenheit. Es lohnt sich, sensible Themen auszulassen – oder sie nur mit Vorankündigung anzusprechen. Es gilt die Devise: Gast ist Gast. Auch wenn du nicht das Familienoberhaupt bist – als Gastgeber bist du es für die Dauer der Einladung. Eltern dürfen also getrost sitzen bleiben oder die Kinder dürfen sich – anders als die Erziehung es damals wollte – auch einmal bedienen lassen.

FREUNDE

Freunde sind besonders gern gesehene Gäste, und eine Einladung ist perfekt, um Freundschaften zu pflegen. Ein Essen zu zweit kann etwas ganz Besonderes sein. Oft ist es aber auch sinnvoll, gleich mehrere Freunde gemeinsam einzuladen.

Überlege dir, bevor du die Einladung aussprichst, wer zu wem passt – mit der Gästekombination steht und fällt die Stimmung des Anlasses. Vorsicht bei der Durchmischung unterschiedlicher Gruppen: Diese definieren sich nämlich durch ein verbindendes Element, wie zum Beispiel den gleichen Verein oder gemeinsame Freunde. Die dazugehörigen Personen besitzen den gleichen Wissensstand und haben sich entsprechend viel zu erzählen. Aussenstehende könnten sich unter Umständen ausgeschlossen fühlen. Je grösser die Gesellschaft, desto weniger ist dies ein Problem.

GESCHÄFTSKOLLEGEN

Mit einer Einladung nach Hause beginnt sich Geschäftliches mit Privatem zu vermischen. Wenn sich das für dich richtig anfühlt, spricht nichts gegen eine Einladung. Diese sollte jedoch eher aus freundschaftlichem Interesse erfolgen als aus geschäftlichen Absichten. Für Letzteres empfiehlt sich ein gemeinsames Dinner im Restaurant. Es ist auch möglich, dass der Gast diese Verwischung der Grenzen nicht möchte und die Einladung ausschlägt. Dies gilt es ohne Kränkung zu respektieren.

NACHBARN

Wenn die Nachbarn nett sind – warum nicht? Allerdings heisst das Haus oder die Strasse zu teilen nicht automatisch, dass man auch den Tisch teilen möchte. Deshalb vorgängig sorgfältig vortasten, ob die Nachbarn für eine Einladung offen sind. Oft ergibt sich ein gemeinsamer Abend auch ganz von alleine.

SINGLES UND PÄRCHEN

Singles werden für gewöhnlich nicht gerne stigmatisiert und verbringen einen Abend ebenso gerne mit Pärchen wie unter ihresgleichen. Ein guter Gastgeber nimmt dennoch Rücksicht auf persönliche Befindlichkeiten und mischt frisch Getrennte nicht mit turtelnden Pärchen.

SINGLES VERKUPPELN

Einladungen werden von Gastgebern gerne genutzt, um zwei Singles miteinander bekannt zu machen. Diese gut gemeinte Initiative kann für die Beteiligten aber auch schnell peinlich werden. Daher gilt es, im Vorfeld unaufdringlich abzuklären, ob die beiden für so etwas offen wären.

SCHWIEGERELTERN

Wenn die Beziehung einen gewissen Grad der Ernsthaftigkeit erreicht hat, ist die Einladung der künftigen Schwiegereltern Pflicht. Allerdings musst du deine Nerven nicht gleich von Beginn an allzu sehr strapazieren. Lade zuerst die einen, dann die anderen Eltern ein und erst danach beide zusammen, um sie miteinander bekannt zu machen.

GÄSTE VON GÄSTEN

Freunde haben zum Zeitpunkt der Einladung gerade Bekannte aus dem Ausland oder die Eltern zu Besuch: Es liegt in deinem Ermessen als Gastgeber, zu entscheiden, ob es noch Platz am Tisch hat. Wenn ja, sind die Gäste der Gäste auch Gäste. Ist der Platz zu knapp oder willst du aus persönlichen Gründen keine weiteren Leute am Tisch, wird ein neues Datum vorgeschlagen, um die Gäste nicht in Verlegenheit zu bringen.

KINDER

Wenn Kinder an einem Abend nicht erwünscht sind, bringt der Gastgeber dies in der Einladung klar zum Ausdruck. Gäste ohne ihre Kinder einzuladen, heisst nicht, dass diese nicht gemocht werden, sondern ist ein Signal, dass du ausdrücklich Zeit mit den Eltern verbringen möchtest; denn auch diese können die Einladung allenfalls nicht im gleichen Ausmass geniessen, wenn sie mit einem Auge immer nach den Kindern sehen müssen. Andererseits können Kinder auch frischen Wind in eine Gesellschaft bringen und sich fernab des Esstisches selbst beschäftigen. Falls keine Spielsachen vorhanden sind, sollten die Eltern im Vorfeld darüber informiert werden, damit sie etwas mitbringen.

HAUSTIERE

Tier ist nicht gleich Tier. Dass die Kobra und der Goldfisch nicht auf der Gästeliste stehen, ist klar. Wenn aber Hund Yara nicht erwünscht ist (zum Beispiel wegen einer Allergie), dann muss dies bei der Einladung erwähnt werden, damit der Besitzer einen Hundesitter organisieren kann. Als Frauchen oder Herrchen nimmt man das nicht persönlich, sondern reagiert mit Verständnis. Wenn umgekehrt der Gastgeber Haustiere hat, gilt es, den Austausch zwischen Gast und Tier aufmerksam zu beobachten. Wird ein gewisses Unbehagen spürbar, ist es sinnvoll, das Tier im Nebenraum einzuquartieren.

ANLASS

Oft ist der Anlass für eine Einladung bereits im Voraus bekannt oder durch die Umstände bestimmt, zum Beispiel bei Hochzeiten, am Muttertag oder an Ostern. Daneben gibt es typische Einladungen wie jene zur Grillparty oder – wie wir es in diesem Buch zelebrieren – zum Abendessen.

Doch vielleicht hast du auch einmal Lust, deine Gäste zu überraschen, ihnen etwas anderes zu bieten und vor allem auch dich selbst zu fordern. Wie wäre es zum Beispiel mit:

SONNENAUFGANGS-FRÜHSTÜCK

Früh morgens loslaufen, den Sonnenaufgang geniessen und dann ein einfaches, aber effektvolles Frühstück aus dem Rucksack zaubern.

Gastgeberei-Tipp

HEIMATGEFÜHLE

Käse von der Alp, an der man vorbeiwandert, besorgen. Das weckt Heimatgefühle, und der Käse schmeckt viel besser, wenn man weiss, woher er kommt.

TEATIME MIT BACKSTUNDE

Zu einer Freundin zum Tee gehen – das machen die Engländer seit eh und je. Wie wäre es, während dieser Teestunde gleich den passenden Kuchen oder einige Guetzli für den sofortigen Genuss und zum Verschenken zu backen? Speziell vor Weihnachten lässt sich so mit Kindern oder guten Freunden ein schöner Nachmittag organisieren.

Gastgeberei-Tipp

HÜBSCHE ETIKETTEN

Vorab Etiketten gestalten, um die Guetzlibeutel hübsch anzuschreiben, oder Dosen besorgen, die man mitschenken kann. So bleibt der Backnachmittag noch lange in Erinnerung.

ESSEN UNTER FREIEM HIMMEL

Ob irgendwo an einem Aussichtspunkt, auf dem Schiff oder im botanischen Garten – ein schönes Picknick mit überraschenden Zutaten ist ein echter Genuss. Ein guter Moment, um Kindheitserinnerungen aufleben zu lassen, ist das Grillieren im Freien. Allerdings sollte dafür früh genug ein Vortrupp losgeschickt werden, um die Feuerstelle zu besetzen. Warum nicht mal Fisch am Stecken über dem Feuer braten?

Gastgeberei-Tipp

OUTDOOR DE LUXE

Auch wenn man draussen ist, kann ein wenig Luxus nicht schaden. Ob echte Gläser oder echtes Besteck – das Picknick wird gleich gediegener. Es gibt ausserdem tolle Körbe, die nicht nur hübsch aussehen, sondern auch praktisch sind und Utensilien wie Decke, Gläser und Geschirr enthalten.

GEMEINSAM KOCHEN

Menschen sind grundsätzlich neugierig und möchten etwas lernen. Wieso also nicht gemeinsam kochen, mit einem Profikoch oder in einer Gruppe von Hobbyköchen? Sushi eignet sich besonders für solche Anlässe – für Schwangere, Vegetarier und jene, die keinen rohen Fisch vertragen, gibt es auch tolle Rollen ganz ohne Tierisches. Auch witzig und wenig aufwendig für den Gastgeber ist ein kleines Kochduell. Jeder bringt einen Gang mit und darf bei den andern Gängen geniessen. Spannend wird es, wenn ein Motto vorgegeben ist.

Gastgeberei-Tipp

REZEPTSAMMLUNG

Rezepte kopieren und schön zusammenstellen, damit die Gäste eine Erinnerung an den Abend mit nach Hause nehmen können.

LÄNDERABEND

Orientalisch kochen und dazu die Fotos von der Weltreise zeigen oder eine «notte italiana» mit hausgemachter Pasta und Liedern von Adriano Celentano zum Mitsingen? Die Gäste werden es lieben und in Ferienstimmung kommen – ein Garant für einen fröhlichen und entspannten Abend.

Gastgeberei-Tipp

LÄNDERDEKO

Die Dekoration auf das jeweilige Land abstimmen und die Gäste schon in der Einladung bitten, sich dem Ländermotto entsprechend zu kleiden.

BUNTES TREFFEN

Einen roten Faden durchs Menu zu ziehen, ist sowieso Pflicht. Wieso aber nicht zusätzlich mit einer Farbe – zum Beispiel Grün – einen kompletten Abend gestalten? Das Thema greifst du bereits in der Einladung auf. Anschliessend gilt: grüne Speisen, grüne Getränke und grüne Deko. Bei dem, was auf den Teller kommt, ist Natürlichkeit Trumpf; Lebensmittelfarbe wird nur mit Bedacht eingesetzt.

Gastgeberei-Tipp

WORTSPIELE

Nicht nur mit den Farben, auch mit den Worten lässt sich hervorragend spielen. Witzige Mottos wie «Ge-Nüsslicher Herbst» oder «Mamas Pest» regen die Kreativität stark an.

VORLIEBEN-ABEND

Kristallisiert sich eine gemeinsame Vorliebe heraus oder gibt es etwas, das mehrere Freunde verbindet, ist dies ein guter Grund für eine Einladung oder gar eine Einladungsserie. So gibt es zum Beispiel ein «Donnstigs-Trüppli», einen Whisky-Club und eine «Sülzli-Gruppe», die sich regelmässig treffen.

Gastgeberei-Tipp

ZIRKELRUNDE

Das verbindende Element einer Gruppe kann auch kreativ interpretiert werden: Warum nicht den Zirkel auf den Stadtplan setzen, einen Kreis um das Zuhause ziehen und alle Freunde, die innerhalb des Kreises wohnen, zu einem Grillfest einladen?

HOMMAGE ANS GROSI

Alles aus Grossmutters Küche? Gerade Familien haben oft ihre Klassiker, welche die Grossmutter an speziellen Tagen gekocht hat. Ein guter Grund, diese alten Rezepte zu kochen und in schönen Erinnerungen zu schwelgen, wenn man zum Beispiel Cousins und Cousinen zu Gast hat.

Gastgeberei-Tipp

ERINNERUNGSSTÜCKE

Unbedingt nach dem Originalrezept kochen. Es ist eine grosse Ehre für eine Person, wenn man ihr einen Abend widmet. Und natürlich sollten alle Gäste alte Familienfotos mitbringen – da gibt es einiges zu lachen und zu erzählen.

EINLADUNG

Form

Seien wir ehrlich: Förmliche Einladungen, per Post und sogar von Hand geschrieben, sind heute eher die Ausnahme als die Regel. Flattert ab und zu doch ein Kärtchen ins Haus, dann zumeist zur Hochzeit oder zum runden Geburtstag. Einladungen zum Brunch, zur Hauseinweihungsparty, aber auch zu Vereinsanlässen und geschäftlichen Sitzungen erfolgen zumeist elektronisch. Nicht selten kommen Treffen auch spontan zustande, übers Telefon oder wenn man sich auf der Strasse zufällig über den Weg läuft.

Je offizieller und festlicher der Anlass, desto aufwendiger sollte die Einladung sein. Jedoch können auch eine SMS oder eine Facebook-Einladung mit einer Prise Kreativität und etwas Sprachwitz originell daherkommen, sodass die Wertschätzung auch ohne grosse Verzierungen deutlich wird.

Digitale Einladung

- *SMS/WhatsApp:* Für Spontane und im kleinen Kreis geeignet, lässt sich weiterleiten; wo, wann und was.
- *Facebook:* Für viele (Konzerte, Events, Happenings), unverbindlich. Achtung: Diese Events können «geteilt» werden – daher Vorsicht mit privaten Daten wie Adresse und Telefonnummer (oder den Event als privat markieren).
- *Doodle:* Zum Organisieren; eher im Arbeitsalltag und Vereinsleben, aber auch nützlich, um private Termine mit mehreren Beteiligten zu organisieren.
- *E-Mail:* Der Briefeinladung am ähnlichsten, allerdings anonymer.

Einladungen, die elektronisch versendet werden, laufen Gefahr, «unpersönlich» zu wirken oder in der digitalen Flut unterzugehen. Form, Text und Inhalt sind deshalb sehr sorgsam zu wählen, damit sich der Eingeladene auch persönlich angesprochen fühlt.

Auf dem Postweg

Gerade weil einem so viele technische Möglichkeiten zur Verfügung stehen, ist es etwas Besonderes, für einen speziellen Anlass eine «physische» Einladung zu gestalten. Es wird die Gäste freuen, zwischen all den Rechnungen und Werbebroschüren eine liebevoll gestaltete Karte zu finden. Zudem setzt die Einladung den Massstab für den Anlass und erinnert, einmal aufgestellt oder an die Pinnwand geheftet, täglich daran.

Ob man sich bei der Einladung für eine hübsche Karte aus der Papeterie, eine selbst gestaltete Version oder einen klassischen handgeschriebenen Brief entscheidet, hängt von den eigenen Vorlieben und vom Anlass ab. Beim Inhalt der Einladung und bei den Vorbereitungen für den Anlass gibt es aber ein paar wichtige Punkte zu beachten:

Zeitpunkt

Es ist wichtig, die Einladung früh genug zu versenden. Bei Hochzeiten spricht man üblicherweise von fünf bis sechs Monaten im Voraus für ein Save the Date und von drei bis vier Monaten für die eigentliche Einladung. Geburtstage sollten mindestens zwei Monate im Voraus angekündigt werden. Ein Nachtessen mit Freunden hängt von den Terminplänen der Beteiligten ab. Entweder plant man Monate im Voraus oder – erfrischend unkompliziert – man lädt spontan ein, was eine gute Grundlage für einen lockeren Abend sein kann.

Save the Date

Ein Save the Date ist die Ansage eines zumeist grösseren Anlasses (Hochzeit, Messe, Kongress), dessen Termin noch in ferner Zukunft liegt. Es geht der eigentlichen Einladung voraus und stellt sicher, dass sich die Gäste den Termin frühzeitig reservieren können. Achtung: Eine Save-the-Date-Karte verpflichtet den Gastgeber zur Einladung (besonders bei Hochzeiten).

Inhalt

Dass eine Einladung fehlerfrei sein sollte, versteht sich von selbst. Kontrolliere den Inhalt sorgfältig: Stimmen das Datum und der Tag wirklich? Es sind kleine Fehler, die am Schluss für grosse Peinlichkeiten sorgen können.

Was auf einer Einladung sicher stehen sollte:

- Wer lädt ein?
- Wer ist eingeladen? Mit Partner? Die ganze Familie?
- Was ist der Anlass?
- Wann findet die Einladung statt?
- Uhrzeit – Achtung, es gibt verschiedene Varianten: «um 15 Uhr» heisst, dass der Anlass pünktlich beginnt; «ab 15 Uhr» bedeutet, dass die Gäste ab dann eintreffen – zwar nicht früher, aber wenn sie möchten auch später; «von … bis» meint, dass der Anlass innerhalb eines klar definierten Zeitraums stattfindet.

Wenn der Anlass etwas grösser oder die Einladung ausführlicher ausfällt, empfiehlt sich zudem Folgendes:

- Wie läuft die Veranstaltung ab?
- Adresse und Ort – gegebenenfalls eine Anfahrtsskizze beilegen.
- Dresscode – insbesondere bei Anlässen mit einem Motto, wenn der Gastgeber Erwartungen an die Kleidung der Gäste hat oder wenn Unsicherheiten bestehen könnten.
- Ist der Anlass mit oder ohne Verpflegung? Welche Art der Verpflegung wird gereicht (Degustation, Apéro, Essen)?
- Angaben rund um die An- oder Abmeldung
- Kontaktdaten des Gastgebers mit einer Telefonnummer, E-Mail usw.

Einen Be(i)trag leisten?

Eine Aufforderung des Gastgebers an seine Gäste, etwas beizutragen – sei es zum kulinarischen Wohl oder zur Unterhaltung, ist durchaus legitim. Dies sollte allerdings bereits mit der Einladung klar und ohne Interpretationsspielraum kommuniziert werden. Wann dies passt, hängt auch von der Ausgangslage ab.

Bei lockeren Anlässen zu Hause oder im Freien ist es nicht unüblich, dass die Gäste dazu animiert werden, selbst gemachte Salate und Beilagen mitzubringen. Wichtig ist, bereits im Vorfeld zu bestimmen, wer sich welchem kulinarischen Beitrag widmet, damit es keine Überschneidungen gibt.

Dies ist übrigens auch eine Option für Gastgeber mit sehr beschränkten zeitlichen Ressourcen.

Laden Jugendliche, Studenten oder Gastgeber mit beschränkten finanziellen Mitteln ein, ist es nicht verpönt, wenn alle einen finanziellen Beitrag leisten. Allerdings muss diese Erwartung im Vorfeld klar kommuniziert werden.

Ist der Anlass ein grosses und damit kostspieliges Fest wie eine Hochzeit und das grösste Geschenk wäre tatsächlich Geld, um sich damit einen Wunsch zu erfüllen, darf der Gastgeber dies sagen. Hier kommt es auf die richtige Kommunikation an: Am besten schreibst du in einem solchen Fall direkt auf die Einladung, welchen Wunsch du dir mit dem Geldgeschenk erfüllen möchtest (Führerschein, Waschmaschine, Flitterwochen usw.).

Rückmeldung

Um den Anlass detailliert planen zu können, ist eine Rückmeldung der geladenen Gäste zwingend notwendig. Der Gast sollte daher im Rahmen der Einladung gut verständlich aufgefordert werden, sich an- oder abzumelden und bei einer Zusage die Anzahl Begleitpersonen bekannt zu geben. Dazu gibt es zwei Möglichkeiten:

1. Die Aufforderung zur Rückmeldung wird auf der Einladung vermerkt, inklusive Form der Rückmeldung (schriftlich, mündlich, via SMS usw.) und Kontaktangaben.

2. Der Einladung wird eine Antwortkarte beigelegt, mit der sich der Gast offiziell an- oder abmelden kann. Wenn du dies so machst, dann solltest du auch gleich das Porto für die Antwort übernehmen und die Karte vorfrankieren.

In beiden Fällen sollte eine Deadline für die Rückmeldung gesetzt werden, zum Beispiel: «Bitte gebt uns bis spätestens am 1. September 20xx Bescheid, ob ihr dabei sein könnt.»

Oft wird für eine solche Aufforderung die Abkürzung «RSVP» verwendet. Diese leitet sich aus dem französischen «répondez s'il vous plaît» ab. Eine entsprechende, allerdings veraltete Abkürzung gibt es auch im Deutschen: «u. A. w. g.» steht für «um Antwort wird gebeten». Vielen ist dieses Akronym heutzutage unbekannt, daher ist es für Einladungen eher ungeeignet.

Was, wenn ein Gast sich nicht an- oder abmeldet?

Auch der treusten Seele kann es widerfahren, dass die vom Gastgeber ersehnte Antwort im Alltagsstress untergeht. Daher ist eine Erinnerungsnachricht des Gastgebers sinnvoll. Einmal nachzuhaken reicht – wer will, der kommt und meldet sich! Folgt auch auf das Nachhaken kein Echo, bleibt dir als Gastgeber nur das Pokern bei der Gästezahl. Es ist davon auszugehen, dass nicht kommt, wer sich nicht meldet. Es gibt natürlich immer auch besonders nachlässige «Ausnahmekandidaten», aber die kennt man in der Regel.

Anschrift

Welches sind die Briefe, die man am liebsten öffnet? Ganz klar jene, bei denen die Adresse von Hand geschrieben ist. Deshalb finden wir auch, dass es Pflicht ist, eine schöne Botschaft so persönlich wie möglich zu gestalten. Mit der eigenen Handschrift – auch bei der Anrede – gewinnt man schon viele Punkte. Ein schönes Couvert, das sorgfältig angeschrieben ist, wird mehr beachtet, und der Empfänger schätzt es, dass man sich die Zeit und Mühe genommen hat, die Einladung persönlich zu gestalten.

SCHÖNSCHREIBER

Einen Massenversand mit Etiketten bei einer
Geburtstagsparty mit vielen Gästen nimmt dir
bestimmt niemand übel. Doch seien wir ehrlich:
Das Fest kostet dich ohnehin schon ein Vermögen,
da könnte doch für ein Entgelt auch jemand mit
einer schöner Schrift (Studenten sind oft dankbar
für solche Jobs) die Couverts anschreiben.

1

BLUMEN

Einen Blumenstrauss oder eine Rose via Blumenhändler senden und eine Einladungskarte dazulegen lassen – (nicht nur) für ein Date, den Hochzeitstag oder die Einladung zum Muttertag.

2

KOCHLÖFFEL

Einen Kochlöffel aus Holz mit Datum, Zeit und Ort versehen und damit auf den lustigen Kochabend zu Hause hinweisen; oder das Rezept versenden, damit jeder weiss, was er kochen wird.

3

JASSKARTEN

Das Kartenset berechtigt am «Schweizer» Abend zum Eintritt. Es ist weniger als zwei Zentimeter dick und kann deshalb in einem Couvert oder einer dünnen Schachtel versendet werden.

④

TEE

Feinen Tee in einem schönen Beutel auf eine Karte kleben und damit die Teatime ankündigen.

⑤

TASCHENTUCH

Ein geknotetes Stofftaschentuch in einer Box versenden – mit dem Kommentar, dass man sich gerne an den schönen Abend vor X Jahren erinnert und die Freunde wieder einladen möchte.

⑥

BLUMENSAMEN

Ein Päckchen mit Kräutern oder Blumensamen an eine Postkarte heften und zur Gartenparty einladen.

DRESSCODE

Oft werden wir gefragt, ob man auf Einladungen einen Dresscode angeben soll. Dies hängt vor allem von den Wünschen und Bedürfnissen des Gastgebers ab. Wenn du möchtest, dass die Gäste am Anlass in einem gewissen Stil oder angemessen elegant gekleidet sind, dann solltest du dies in der Einladung klar kommunizieren. Dazu gehört die Aufforderung, eine Badehose für die Poolparty mitzubringen, ebenso wie die Angabe eines gebräuchlichen Begriffs für den Dresscode. Handelt es sich dagegen um ein ungezwungenes Abendessen mit Freunden, darfst du dich getrost darauf verlassen, dass diese wissen, welche Kleidung angemessen ist.

Doch auch mit den einzelnen Dresscodes tun sich viele schwer: Was bedeutet eigentlich «smart casual», und muss man zu einer Einladung, die als Dresscode «black tie» angibt, wirklich einen Smoking tragen? Wichtig ist, dass bei der Einladung ein korrekter und für alle verständlicher Begriff verwendet wird. Eigenkreationen können für Verwirrung bei den Gästen sorgen. Die Übersicht auf der gegenüberliegenden Seite dient als Hilfestellung.

Als Gastgeber hält man sich selbstverständlich an den vorgegebenen Dresscode – und gerade bei Anlässen, die ein Motto haben, geht man mit gutem Beispiel voran und steckt besonders viel Aufwand in sein Kostüm.

Wie reagiere ich, wenn ein Gast völlig overdressed erscheint?

Ist jemand für den Anlass deutlich zu elegant gekleidet, entstehen daraus meist keine Probleme. Oft handelt es sich um Menschen, die ohnehin gerne etwas edler daherkommen. Ein guter Gastgeber würdigt den Aufwand mit einem wohlwollenden «Du siehst aber schick aus, ich fühle mich geehrt» – und verliert weiter kein Wort darüber.

Was, wenn er underdressed ist?

Schwieriger wird es, wenn Gäste sich nicht an einen gehobenen Dresscode halten. Wenn die Cousine in knallengem Minirock und bauchfreiem Top zum eleganten Hochzeitsdinner erscheint, kann das schnell peinlich werden – auch für die Brautleute. Hier gilt es, Fingerspitzengefühl zu beweisen und zum Beispiel dafür zu sorgen, dass die besagte Cousine beim Gruppenfoto in der hintersten Reihe steht.

Auf keinen Fall solltest du als Gastgeber einen Gast unwirsch auf seine Verfehlung hinweisen. Denn der hat den Fauxpas entweder längst bemerkt und schämt sich ohnehin schon in Grund und Boden, oder es handelt sich um jene unverbesserliche Spezies, die meint, Regeln gelten nur für die andern.

Gastgeberei-Tipp

LIEBER OVERDRESSED

Im Zweifelsfall ist der Gastgeber lieber over- als underdressed. Wer selbst hinter dem Herd steht, macht mit einem schwarzen Kleid oder einem schwarzen Hemd nicht nur eine gute Figur, sondern kaschiert auch elegant die eine oder andere allfällige Kleckerei.

CASUAL

Informelle Anlässe wie ein Sonntagsbrunch, ein Abendessen mit Freunden oder der Apéro unter Kollegen.

Die «etwas bessere» Alltagskleidung reicht hier aus.

SMART CASUAL

Eher informelle Anlässe. Dazu gehören öffentliche Apéros und Eröffnungen, elegantere Mittagessen und Nachmittagsveranstaltungen.

Bluse mit eleganter Hose oder ein leichtes Kleid für die Frau, der Mann trägt Hemd und Sakko. Jeans werden an den meisten Anlässen toleriert.

COCKTAIL

Eher formelle Anlässe, die in der Regel nicht mit einem gesetzten Abendessen verbunden sind; Hochzeitsapéros, Diplomfeiern, elegante Gartenpartys, diverse religiöse Feiern wie Taufe oder Konfirmation.

Frauen tragen ein Kleid in Knie- oder Midilänge oder einen Hosenanzug, Männer tragen zwingend Anzug und Krawatte.

BLACK TIE

Festliche Abendveranstaltungen, offizielle Empfänge, Hochzeitsdinner.

Frauen tragen lange Abendkleider, Männer einen Smoking mit Fliege oder einen schwarzen Anzug mit Krawatte.

Vorbereitung

DRITTER AKT

———

Wie entspannt der Abend für uns als Gastgeberinnen von 9×9 wird, hängt massgeblich davon ab, wie gut wir uns im Vorfeld auf den Anlass vorbereitet haben. Passend zum Motto wird das Menu jeweils in 9 Akten kreiert. Wichtig ist uns, dass es einen roten Faden gibt und immer auch etwas dabei ist, das überrascht und den Gästen ein Lächeln auf die Lippen zaubert. Selbstverständlich vertrauen wir hier auch auf die Kochprofis an unserer Seite. Das Gleiche gilt für die Weinempfehlung, schliesslich soll das Dinner durch und durch harmonisch daherkommen.

Was das Mise en Place betrifft, haben wir seit der ersten 9×9-Ausgabe viel dazugelernt. Fertigspätzli, wie sie anlässlich unseres Geburtstags am ersten 9x9-Dinner zum Einsatz kamen, müssen wir unseren Gästen heute nicht mehr vorsetzen. Wir organisieren uns im Vorfeld so, dass wir gut vorbereitet sind, wenn es am 9. des Monats wieder so weit ist. Auf den gemütlichen Kaffee nach dem Blumeneinkauf oder den Apéro bei der Menubesprechung verzichten wir übrigens nie.

MENU

Ein spannendes Menu trägt wesentlich zum Erfolg einer Einladung bei. Folgende Aspekte helfen bei der Planung:

Kochbücher, Zeitschriften und Internet

Ein gutes Menu braucht Zeit und Inspiration. Deshalb am besten in einem ersten Schritt das Bücherregal durchstöbern, Kochzeitschriften hervorkramen und den Computer für Internetrecherchen einschalten.

Rezepte

Werden Rezepte eins zu eins übernommen, erhöht dies die Chance auf gelungene Gerichte, insbesondere für weniger geübte Gastgeber. Es ist wichtig zu wissen, dass gewisse Gerichte wie Backwaren und Desserts bereits durch kleine Abweichungen misslingen können. Bei anderen Gerichten sind Abwandlungen meist problemlos möglich.

Gastgeberei-Tipp

INSPIRATION

Spannende Rezepte kontinuierlich sammeln und daraus dein eigenes, nach Themen geordnetes Rezeptbuch kreieren.

Saisonalität

Aus ökologischen Gründen empfiehlt es sich, bei der Menukomposition saisonale Produkte zu berücksichtigen. Auch die Zufriedenheit der Gäste ist grösser, wenn in wärmeren Monaten leichtere Speisen und in kühleren Monaten gehaltvollere Gerichte serviert werden.

Gastgeberei-Tipp

MARKTZEIT

Lass dich auf dem Markt inspirieren, so kommt die Saisonalität ganz von selbst auf den Teller.

Gästebedürfnisse

Damit das Menu den Geschmack der Gäste trifft, ist es wichtig, sich Gedanken zu deren Persönlichkeit und Vorlieben zu machen. Ein guter Gastgeber wird die Wahl der Gerichte und Produkte von diesen Informationen abhängig machen.

Gastgeberei-Tipp

VIELFALT

Ein vielfältiges Menu mit sich nicht wiederholenden Produkten, unterschiedlichen Kochmethoden, Farben, Geschmacksnoten und Präsentationsweisen zusammenstellen.

Budget

Die Kosten für die Einladung werden durch die Wahl des Menus massgeblich beeinflusst. Insbesondere bei Fleisch und Fisch kann hier viel Geld ausgegeben oder gespart werden.

Gastgeberei-Tipp

SAUCENZAUBER

Es müssen nicht immer die edelsten Stücke sein. Auch mit einem Schmorgericht kannst du bei deinen Gästen auftrumpfen, denn einen guten Koch erkennt man unter anderem an seiner Sauce.

Die Gänge

Die Menukarte gibt dem Gast eine Vorschau auf das, was ihn kulinarisch erwartet. Gleichzeitig ist sie die Visitenkarte des Gastgebers. Ein guter Gastgeber zeichnet sich dadurch aus, dass er subtil über das Menu kommuniziert, was er den Gast wissen lassen möchte. Bei der Zusammenstellung der Gänge sollte der Gastgeber auf die Harmonie zwischen Präsentation und Geschmack der Gerichte sowie auf seine eigenen Fähigkeiten in der Küche achten und darauf, dass er die Erwartungen seiner Gäste kennt.

Die Gänge haben eine historisch verankerte Abfolge, die auch beim hier abgedruckten 9×9-Menu befolgt wird. Übrigens, falls du es selbst nachkochen möchtest, findest du die entsprechenden Rezepte ab Seite 213.

Die Anzahl der Gänge sollte dem Anlass angepasst werden. Ein Menu umfasst heute in der Regel drei (Vorspeise, Hauptgang, Käse oder Dessert) bis sechs Gänge. Je festlicher ein Anlass, desto mehr Gänge werden serviert und desto kleiner wird der einzelne Gang.

Mit der Anzahl Gänge kann aber auch das Thema der Einladung unterstrichen werden. So kann es Teil des Konzepts sein, bei der «Hommage ans Grosi» alle Speisen gleichzeitig in grossen Schüsseln auf den Tisch zu stellen oder sie beim «Vorlieben-Abend» als Buffet zu präsentieren, an dem eben tatsächlich jeder seine Lieblingsgerichte auswählen kann. Es lohnt sich, bereits bei der Menuplanung an die Präsentation der Gerichte zu denken. Wird der Gang auf einem Teller angerichtet, oder kommt er in einem schönen Topf auf dem Tisch? Oder werden die verschiedenen Elemente der Dessertvariation vielleicht sogar als Buffet präsentiert?

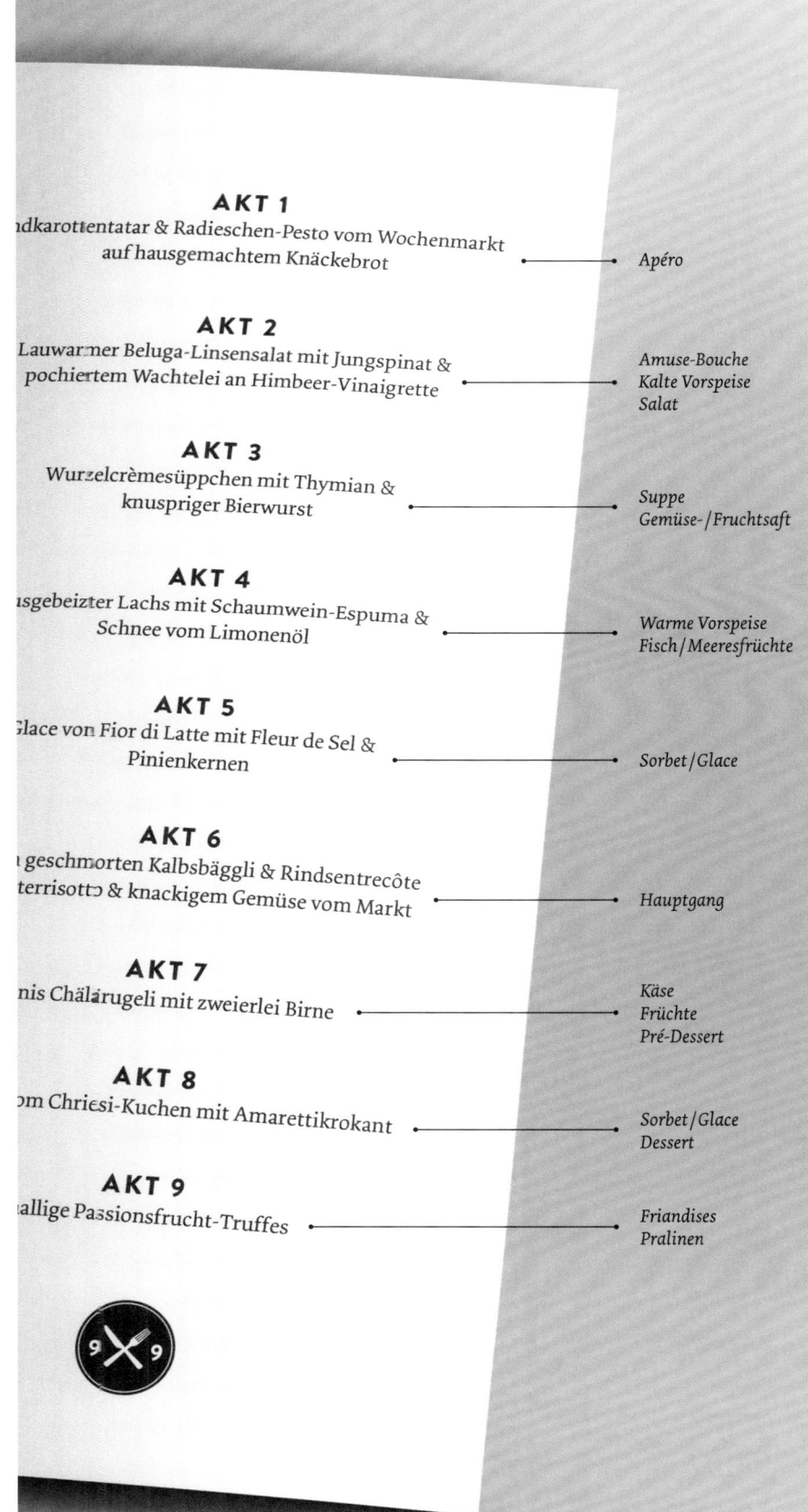

AKT 1
dkarottentatar & Radieschen-Pesto vom Wochenmarkt
auf hausgemachtem Knäckebrot

Apéro

AKT 2
Lauwarmer Beluga-Linsensalat mit Jungspinat &
pochiertem Wachtelei an Himbeer-Vinaigrette

Amuse-Bouche
Kalte Vorspeise
Salat

AKT 3
Wurzelcrèmesüppchen mit Thymian &
knuspriger Bierwurst

Suppe
Gemüse-/Fruchtsaft

AKT 4
sgebeizter Lachs mit Schaumwein-Espuma &
Schnee vom Limonenöl

Warme Vorspeise
Fisch/Meeresfrüchte

AKT 5
Glace von Fior di Latte mit Fleur de Sel &
Pinienkernen

Sorbet/Glace

AKT 6
geschmorten Kalbsbäggli & Rindsentrecôte
terrisotto & knackigem Gemüse vom Markt

Hauptgang

AKT 7
nis Chälärugeli mit zweierlei Birne

Käse
Früchte
Pré-Dessert

AKT 8
m Chriesi-Kuchen mit Amarettikrokant

Sorbet/Glace
Dessert

AKT 9
allige Passionsfrucht-Truffes

Friandises
Pralinen

MENÜ

AKT 6
Kalbsbäggli & Rindsentrecôte
knackigem Gemüse vom Markt

AKT 7
Chälärugeli mit zweierlei Birne

AKT 8
Tiramisu vom Chriesi-Kuchen mit Amarettikrokant

AKT 9
Knallige Passionsfrucht Truffes

Gute Menuplanung – weniger Stress

Die Zusammenstellung des Menus hat auch einen Einfluss darauf, wie gestresst du als Gastgeber während des Abends bist. Folgende Gerichte lassen sich zu 95 Prozent im Vorfeld vorbereiten und geben dir damit die Zeit, dich um die Gäste statt um die Küche zu kümmern:

Eine pürierte, cremige oder klare Suppe kurz aufwärmen oder kalt lassen, Einlage rein und Dekoration drauf – schon ist sie bereit.

Pürees sind schon verkocht, deshalb können sie auch gut im Vorfeld gemacht werden. Kurz unter ständigem Rühren aufwärmen oder abgedeckt im Ofen warm halten.

Bei Gratins und Braten ist zwar das Timing wichtig, damit sie auf den Punkt bereit sind, jedoch kann das Ofengericht bereits in die Röhre geschoben werden, bevor die Gäste kommen. So muss nur noch die Zeit im Auge behalten werden. Das Essen verzögert sich? Dann wird die Temperatur reduziert; bei 60 °C kann nicht viel passieren.

Gerichte, die über Stunden sanft schmoren, können vor der Ankunft der Gäste angesetzt werden und noch fertigköcheln, wenn diese schon da sind.

Noch besser ist es, wenn sie bereits am Vortag zubereitet werden, denn einmal aufgewärmt sind sie intensiver im Geschmack.

Für geübte Pastamacher sind selbst gemachte Ravioli oder Nudeln mit Geschmack perfekt. Vor Ankunft der Gäste fertig vorbereitet, sind sie innert wenigen Minuten servierbereit. Achtung: Der Teig muss die richtige Konsistenz haben, sonst kann das Unterfangen rasch in einer Katastrophe enden. Zwar nicht vom Gastgeber selbst gemacht, aber genauso gut sind die handgemachten Teigwaren aus dem Spezialitätenladen oder der gekaufte Teig aus dem Fachgeschäft.

Allerlei Eingemachtes kann aus dem Keller geholt werden, wenn es gebraucht wird. Das Gute dabei: Überschüssige Mengen werden durchs Einmachen lange haltbar, und so können die Lieblingsbeeren vom Sommer auch im Winter zum Highlight werden.

Glacen und Sorbets müssen im Tiefkühler sowieso noch richtig durchfrieren und können daher im Voraus zubereitet werden. Zudem schmecken Früchte dann am besten, wenn sie Saison haben. So kann auch gut eine Glace auf Vorrat gemacht werden, die erst Wochen später serviert wird.

ERNÄHRUNGS-WISSEN

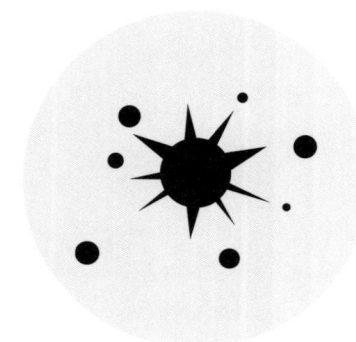

Manche Menschen verzichten aus gesundheitlichen oder persönlichen Gründen bewusst auf gewisse Nahrungsmittel. Die Rücksichtnahme auf diesen Verzicht ist für einen guten Gastgeber selbstverständlich. Viele Gäste melden von sich aus ihre Essenswünsche. Es gibt heute viele Formen des Verzichts, daher darf nicht erwartet werden, dass der Gastgeber sämtliche Gepflogenheiten einer ihm fremden Religion oder die Besonderheiten einer Unverträglichkeit bis ins Detail kennt.

ALLERGIEN

Eine Allergie ist eine Überreaktion des Immunsystems auf bestimmte Nahrungsmittel. Produkte oder Spuren davon, die eine solche Reaktion hervorrufen können (zum Beispiel Nüsse, Sellerie oder Schalentiere), sind im Idealfall auf der Verpackung ausgewiesen. Ein guter Gastgeber klärt im Vorfeld eines Anlasses ab, ob seine Gäste unter Allergien leiden, denn schon eine kleine Menge des Auslösers kann für einen Allergiker lebensbedrohlich sein.

INTOLERANZEN

Die häufigsten Intoleranzen sind Laktoseunverträglichkeit (Milchzucker in Milchprodukten), Glutenintoleranz (Getreideeiweiss/Gluten in Getreide wie Weizen, Roggen, Gerste usw.), Fruktosemalabsorption (Fruchtzucker, kommt in Früchten, Gemüse und in Süssungsmitteln vor) und Histaminintoleranz. Histamin ist in hohem Masse zum Beispiel in reifen, fermentierten und konservierten, aber auch in frischen Lebensmitteln enthalten. Daneben gibt es viele weitere Intoleranzen und Varianten der oben genannten, deshalb sollte der Gastgeber am besten direkt abklären, welche Lebensmittel ein Gast nicht verträgt.

VEGETARIER

Vegetarier verzichten generell auf Fleisch, Fisch und Meeresfrüchte. Dies gilt auch für verarbeitete Produkte wie Fonds für klare Suppen oder als Basis für Saucen sowie für tierische Fette und Gelatine. Die meisten Vegetarier essen Eier und Milchprodukte; im Einzelfall lohnt es sich aber, genauer nachzufragen.

VEGANER

Veganer verzichten grundsätzlich auf alle Lebensmittel tierischen Ursprungs (und Produkte wie Leder). Dies umfasst neben Fleisch, Fisch und Meeresfrüchten auch Nahrungsmittel wie Eier und Honig, sämtliche Milchprodukte wie Käse, Butter oder Joghurt sowie die bereits erwähnten verarbeiteten Produkte.

Gastgeberei-Tipp

ALTERNATIVEN

Viele tolle Gerichte sind vegetarisch und schmecken auch Nicht-Vegetariern. Es wird kaum auffallen, wenn der eine oder andere Gang im Menu ganz ohne Fleisch und Fisch auskommt. Vegetarier werden zudem freudig überrascht sein, wenn bei manchen Gerichten nicht nur das Tiererzeugnis weggelassen wird, sondern sie mit einer vegetarischen

Alternative verwöhnt werden. Statt Speckwürfeln werden gebratene Pilze verwendet, statt des Rindsfilets ein grillierter Gemüsespiess und statt der Jakobsmuschel ein gratinierter Ziegenfrischkäse. Clever kombiniert und kreativ umgesetzt hält sich der zusätzliche Aufwand in Grenzen. Vegane Gäste zu bekochen, verlangt etwas mehr Anpassung.

Viele Veganer sind sich dessen bewusst und bringen gerne etwas mit, das ihren Vorstellungen entspricht. Für viele tierische Produkte gibt es pflanzliche Alternativen wie zum Beispiel Mandelmilch, Sojarahm und Räuchertofu. Warum nicht die Herausforderung annehmen und gleich für alle ein veganes Menu kochen?

SCHWANGERSCHAFT

Zum Schutz des Kindes sollten schwangere Frauen Lebensmittelinfektionen vermeiden. Für den Gastgeber ist es in diesem Zusammenhang wichtig, rohe Lebensmittel wie Fleisch, Fisch und Meeresfrüchte nur durchgekocht zu servieren, da durch die Hitze Keime abgetötet werden. Auf den Konsum von nicht pasteurisierten Milchprodukten sollten Schwangere ebenso verzichten wie auf Alkohol. Wer seine Saucen mit Wein abrundet, tut daher gut daran, die werdende Mutter vorher darauf hinzuweisen. Daneben gibt es weitere Einschränkungen. Detaillierte Ernährungshinweise für Schwangerschaft und Stillzeit gibt zum Beispiel die entsprechende Broschüre des Bundesamtes für Gesundheit. Im Zweifelsfall empfiehlt es sich, vor dem Anlass mit der werdenden Mutter das Menu durchzugehen.

GLAUBEN

Im Umgang mit religiös bedingtem Verzicht ist es wichtig zu wissen, dass dessen Umsetzung oft sehr individuell ist. Grundsätzlich gilt: Jede Religion und Glaubensgemeinschaft hat ihre eigenen ernährungstechnischen Gepflogenheiten. Die Umsetzung ist jedoch abhängig von der eigenen Auslegung des Glaubens. Die Recherche im Internet hilft zum besseren Verständnis, greift aber zu kurz. Was geht und was nicht, weiss der Gast selbst am besten.

DELIKATESSEN

Auf essbare innere Organe wie Leber, Nieren und Herz oder Nebenprodukte wie Mark, Zunge und Blut sind die unterschiedlichsten Reaktionen zu erwarten. Was für den einen eine Delikatesse ist, kann auch bei unkomplizierten Essern Ekelgefühle auslösen und deshalb kategorisch abgelehnt werden. Zu diesen Produkten zählen beispielsweise Austern, Kaviar, Foie gras, Wachteln oder Sashimi. Solche Lebensmittel ohne vorgängige Absprache zu servieren, wäre schade.

Gastgeberei-Tipp

FRAGEN ERLAUBT

Am einfachsten für die Planung ist es, Gäste bereits zum Zeitpunkt der Einladung zu fragen, ob es Nahrungsmittel gibt, auf die sie verzichten möchten. Dies ist auch eine gute Gelegenheit, um vorsichtig abzuklären, ob ein Gast etwas wirklich nicht mag. Für die Menuauswahl hilft es zu wissen, wenn sich jemandem bei rohen Tomaten, Sardellen oder Schafskäse der Magen umdreht. Hier sind die persönlichen Vorlieben erfahrungsge-mäss äusserst vielfältig. Es gilt jedoch die Fragestellung so zu formulieren, dass nicht jeder Gast eine lange Liste von Nahrungsmitteln anfügt, die er nicht besonders gerne isst. Echte Allergien und Intoleranzen sowie der bewusste Verzicht aus gesundheitlichen, religiösen oder ethischen Gründen müssen unbedingt berücksichtigt werden. Dagegen solltest du dich durch persönliche Vorlieben einzelner Gäste bei der Menukomposition nicht unnötig einschränken lassen.

EINKAUF

PLANUNG

BUDGET

Gut organisiert wird der Einkauf zur entspannten Einstimmung auf die bevorstehende Einladung. Alles, was bereits einige Tage im Vorfeld vorbereitet und eingekauft werden kann, sollte auch dann erledigt werden. So liegt kurz vor der Einladung der Fokus auf den Frischprodukten. Je frischer Fisch, Fleisch, Gemüse und Früchte daherkommen, desto besser.

Enthält das Menu Zucchiniblüten, oder benötigst du einen vier Kilo schweren Truthahn? Produkte, deren Beschaffung schwierig werden könnte, müssen rechtzeitig identifiziert werden. Das Fachpersonal im Spezialitätengeschäft oder das Internet können helfen, die richtigen Bezugsquellen zu finden.

Eine Einladung ist je nach Grösse und Ausmass mit einem nicht unerheblichen finanziellen Aufwand verbunden. Das bei der Auswahl des Menus definierte Kostendach kann durch schlaues Einkaufen jedoch noch entscheidend gesenkt werden.

Gastgeberei-Tipp

FRÜH AUFSTEHEN

Nach dem Motto «Der frühe Vogel fängt den Wurm» werden jene, die schon frühmorgens auf dem Markt sind, meist durch eine grössere und schönere Auswahl belohnt. Zudem haben auch die Verkäufer vor dem grossen Ansturm mehr Musse für Gespräche und Beratung.

Gastgeberei-Tipp

VORBESTELLEN

Grosse Fleischstücke oder exotische Produkte können in Fachgeschäften bestellt und auf den Tag X hin reserviert werden. Wenn du nachfragst, erhältst du ausserdem oft wertvolle Kochtipps. So darf sich auch die Füllung des Truthahns nochmals ändern, wenn der Metzger eine gute Empfehlung hat.

Gastgeberei-Tipp

SCHNÄPPCHENJÄGER

Im klassischen schweizerischen Detailhandel werden pro Woche über 500 Aktionen angeboten. Damit findet sich praktisch jedes benötigte Produkt irgendwo vergünstigt. Hat man beim Einkauf Zeit, verschiedene Anbieter zu berücksichtigen, kann dies die Kosten positiv beeinflussen.

MENGEN

Bewusstes Einkaufen heisst auch, die Mengen so zu planen, dass nicht unnötig Esswaren weggeworfen werden müssen und genügend da ist, um auch ein zweites Mal nachzuschöpfen. Ein durchschnittlicher Esser wird mit 600 bis 800 Gramm verarbeiteten Nahrungsmitteln – also geschälten Rüebli oder gekochtem Fleisch – satt. Diese Menge versteht sich inklusive Apérohäppchen und Suppe.

Gastgeberei-Tipp

DIE LÄNGE MACHTS

Das Menu bestimmt die Menge. Je mehr Sättigungsbeilagen vorgesehen sind, desto geringer darf die Menge der restlichen Zutaten sein. Je mehr Gänge serviert werden, desto mehr kann verzehrt werden, wodurch die Gewichtsgrenze nach oben verschoben wird – die Verdauung setzt nämlich bereits während des Essens ein.

EINKAUFSLISTE

So altmodisch es klingt – es geht nichts über eine vollständige Einkaufsliste. Die schreibst du in Ruhe am heimischen Küchentisch, wenn du alle Rezepte zur Hand hast. So ist nicht nur sichergestellt, dass nichts vergessen geht, sondern auch, dass von allem genügend vorhanden ist. Es empfiehlt sich, die Produkte auf der Liste nach Kategorien zu ordnen; das macht den Rundgang im Laden effizienter. Mit einem Stift zur Hand kann sichergestellt werden, dass nichts vergessen geht.

Gastgeberei-Tipp

VORRATS-CHECK

Eine gute Einkaufsliste schont auch das Budget. So besteht nämlich die Möglichkeit, vor dem Einkauf im Küchenschrank nachzuschauen, ob bereits Backpulver da ist. Alles, was nicht sinnlos gehortet wird, muss auch nicht irgendwann weggeworfen werden.

EINKAUFSTOUR

Am Anfang steht die Überlegung, in welchem Geschäft das, was du gemäss deiner Einkaufsliste brauchst, erhältlich ist. Wenn nicht alles am gleichen Ort verfügbar ist, stellt sich der organisierte Einkäufer am besten gedanklich eine clevere Route zusammen. Ladenöffnungszeiten, Verkehrssituation und Auswahl sind dabei ausschlaggebend. Gefrorenes ganz am Schluss einkaufen!

Gastgeberei-Tipp

HUNGER STILLEN

Nicht hungrig einkaufen gehen. Nur so hast du die nötige Ruhe und kannst dich auf den geplanten Einkauf konzentrieren. Denn wenn du hungrig bist, fällt es dir trotz Einkaufsliste schwer, die Mengen richtig abzuschätzen.

Gastgeberei-Tipp

AUF EINEN SCHWATZ

Unbedingt Zeit einplanen, um mit der Gemüsehändlerin zu plaudern oder mal wieder in die Metzgerei zu gehen. So erfährst du spannende Geschichten über die Produkte, mit denen du später bei den Gästen punkten kannst. Denn auch für die ist es bestimmt schön zu wissen, von welchem Hof das Gemüse kommt.

PRODUKTWAHL

Für liebe Gäste verwendet man nur beste Qualität, was aber nicht heisst, dass man von allem das Teuerste kaufen muss. Bei Basisprodukten darf es mit gutem Gewissen die Alltagsqualität sein. Bei Frischprodukten sollte man jedoch auf die Herkunft achten. Fisch aus heimischen Gewässern, Fleisch aus der Region und Gemüse vom lokalen Bauern machen einfach mehr Freude. Es muss auch nicht zu 100 Prozent alles selbst gemacht sein, was den Gästen aufgetischt wird, sofern das, was serviert wird, von entsprechender Qualität ist. Wichtig ist einfach, dass nichts Gekauftes als selbst gemacht angepriesen wird. Produkte zu verwenden, die bereits schön verarbeitet wurden, ist keine Schande, da gibt es nichts zu verstecken.

DEKORATION

Durch die Dekoration auf dem Teller erhält das Gericht sozusagen das i-Tüpfelchen. Deshalb nicht vergessen, etwas Kleines für jedes Gericht einzuplanen und auf die Einkaufsliste zu setzen. Dies können Gewürze, Kräuter oder essbare Blüten sein, welche für den Farbtupfer sorgen. Ebenfalls dekorativ ist Gebäck, schön geschnittenes Gemüse oder ein nach Belieben eigens kreiertes Kunstwerk. Wichtig ist einzig, dass nur Essbares verwendet wird und es geschmacklich sowie optisch zum Gericht passt.

Einen Schritt weiter geht, wer die Dekoration gezielt zum Effekt werden lässt, indem das Thema der Einladung spielerisch einbaut wird. Genauso elegant ist es, die Dekoration mit dem Gericht verschmelzen zu lassen und damit effektvoll zu platzieren. So ist beispielsweise das «Knallige» der Passionsfrucht-Truffes im 9x9-Menu dekorativ auf und nicht im Friandise.

WEIN

Als kulinarischer Begleiter setzt der Wein das Menu in Szene. Für viele Gastgeber ist das Thema allerdings mit Unsicherheiten verbunden. So viel vorweg: DEN richtigen Wein gibt es nicht, und der Preis entscheidet auch nicht, ob du ein guter Gastgeber bist. Entscheidend ist es, den zu den Gästen und zum Anlass passenden Wein zu finden. Es macht genauso wenig Sinn, Liebhaber von Schweizer Weinen mit Weinen aus der neuen Welt überzeugen zu wollen wie überzeugte Weissweintrinker mit teurem Rotwein zu überraschen. Mit etwas Glück befindet sich der passende Wein bereits im Haus, sonst empfiehlt es sich, in Fachbüchern, im Internet oder im Geschäft nach geeigneten Begleitern zu suchen.

Gastgeberei-Tipp

ÜBUNGSSACHE

Generell sind fruchtige und voluminöse Weine ideal für weniger geübte Weintrinker und komplexere Weine mit mehr Tannin für regelmässige Weintrinker.

IM BUCH GEFUNDEN

Wer sich für Wein interessiert und Musse hat, sich in das Thema einzulesen, ist mit einem Weinbuch am besten beraten. Darin sind nicht nur Fakten und objektive Informationen zum Thema Wein, sondern je nach Buch auch Angaben zur Kombination mit Speisen enthalten.

Gastgeberei-Tipp

NOTIZEN MACHEN

Die Gäste freuen sich, etwas über den Wein zu erfahren, der aufgetischt wird. Daher unbedingt beim Lesen ein paar spannende Informationen herausschreiben, die später beim Servieren hervorgeholt werden können.

AUS DEM WEINVORRAT

Oft lagert der ideale Wein bereits im Keller. Mit Hilfe von Wein-Apps oder einer einfachen Liste lässt sich das eigene Inventar leicht überwachen, und jede Flasche kann trinkreif serviert werden. Informationen zur Trinkreife am besten beim Kauf erfragen oder im Internet recherchieren. Viele Apps ergänzen diese Angaben direkt bei der Erfassung der Flasche. Ausser bei lagerbedürftigen Weinen gilt generell die Devise «lieber trinken als liegen lassen».

Gastgeberei-Tipp

GUT VORBEREITET

Auch die Gäste haben Wein-Apps, die ihnen den Zugang zu Informationen wie Trinkreife und Preisangaben ermöglichen. Um nicht plötzlich während des Abends als Banause oder knausrig dazustehen, unbedingt vorgängig recherchieren, was über den gewählten Wein online zu finden ist.

ONLINE-WEINWELTEN

Für Gastgeber mit dicht gedrängtem Terminkalender und solche, die keine Lust auf Gewichtheben haben, empfiehlt es sich, die Weine online zu bestellen. Viele Plattformen bieten einen praktischen Lieferservice und eine Rückgabegarantie für Zapfenweine an.

Gastgeberei-Tipp

GEZIELT SUCHEN

Auf etablierten Onlineshops wie www.flaschenpost.ch erscheint bei Eingabe eines Suchbegriffs wie «Sbrinz» oder «Schweinsfilet» sehr nutzerfreundlich eine ganze Liste passender Weine. Dank weiterer aufgeführten Informationen zum Produkt lässt sich ausserdem beim Servieren mit Weinwissen punkten.

BERATUNG IM LADEN

Grundsätzlich werden heute Weine trinkreif gekauft. Damit reduziert sich die Bedeutung der Lagerung, und der Wein kann auch direkt vor der Einladung gekauft werden. Wer zudem bei der Weinauswahl kein Risiko eingehen möchte, kauft in einem Weinfachgeschäft ein. Am besten das Menu gleich mitnehmen, denn ein guter Berater kennt nicht nur sein Sortiment, sondern kann auch gleich eine passende Empfehlung machen. Das Tolle dabei: Gute Vinotheken haben oft auch Infoblätter mit Angaben zu Herkunft, Produktion und Serviertipps, die sie zum Wein mitgeben können.

Gastgeberei-Tipp

DEGUSTATION

In vielen Weinhandlungen werden Weine zur Degustation angeboten. Damit kann die Empfehlung vor Ort eingeschätzt und mit den eigenen Vorlieben abgeglichen werden.

HARMONIE VON WEIN UND SPEISEN

Den richtigen Wein zu einer Speise zu wählen, ist eine Kunst für sich. Mach dir darüber Gedanken, aber zerbrich dir nicht den Kopf. Die Grundregeln für die Kombination und die Reihenfolge im Menu sind altbewährt. Die Faustregeln der Reihe nach:

1. Leicht vor schwer
2. Trocken vor süss
3. Weiss vor rot
4. Weiss zu Wasser – rot zu Land / Luft
5. Jung vor alt
6. Komplexe Weine zu einfachen Gerichten und umgekehrt
7. Region ist Trumpf – Wein und Gericht mit derselben Herkunft

Ausnahmen bestätigen die Regel. Empfindungen sind relativ, und somit gilt der Grundsatz, dass wer trinkt, was er mag, und dazu isst, was ihm schmeckt, sicher keinen Fehler begeht.

GETRÄNKEKONSUM ABSCHÄTZEN

Wenn das Mineralwasser mit Kohlensäure ausgeht, wird dies von den Gästen bestimmt akzeptiert – es ist aber schade und unnötig. Als Richtwerte sollten die folgenden durchschnittlich benötigten Mengen je serviertes Getränk pro Gast mindestens vorhanden sein:

APÉROGETRÄNK

1 bis 2 dl (Schaum-)Wein
3 bis 4 dl Saft und Softgetränke
2 bis 3 dl Mixgetränke und Cocktails

WEISS, ROSÉ- UND ROT-WEIN

1 bis 1,5 cl pro Gang
1 bis 2 dl für den Hauptgang

WASSER MIT / OHNE KOHLENSÄURE

5 dl bis 1 l zum gesamten Essen

DESSERTGETRÄNK

Schaumwein: 1 bis 2 dl pro Gang
Dessertwein: 5 cl bis 1 dl pro Gang

KAFFEE / TEE

1 bis 2 Tassen

DIGESTIF

Brand / Geist: 2 bis 4 cl
Likör / Portwein: 4 bis 8 cl
After-Dinner-Cocktail: 1 bis 2 dl

Die kleinere Angabe ist die Mindestmenge für den ersten Service, mit der grösseren Menge stellt man sicher, dass auf Wunsch ein Nachservice möglich ist. Bei Wein und Schaumwein solltest du zudem einplanen, dass eine Flasche Korken haben kann und diese

Menge so auf einen Schlag wegfällt. Wenn es um die Anzahl verschiedener Weine geht, gelten folgende Regeln:
· Unter der Woche wird weniger getrunken; wir empfehlen, nur einen oder zwei verschiedene Weine zu servieren.

· Das Menu und die Anzahl der Gänge bestimmen die Anzahl der Getränke. Jedoch gilt es, nicht mehr als fünf verschiedene alkoholische Getränke inklusive Apéro und Digestif zu servieren.

TRINKTEMPERATUR

Damit die ausgesuchten Weine ihre maximale Wirkung entfalten können und die Abstimmung mit den Speisen gelingt, muss der Wein die richtige Trinktemperatur aufweisen. Diese beeinflusst auch den Charakter des Weins. Als Grundregel gilt: Je gehaltvoller der Wein ist, desto wärmer wird er serviert. Die ideale Trinktemperatur hängt vom jeweiligen Weintyp ab und lässt sich mit einem Weinthermometer messen. Damit der Wein seine Idealwerte erreichen kann, muss die Trinktemperatur beim Mise en Place eingeplant werden. Falls die Temperatur bei nahendem Genuss nicht, wie es von einem guten Gastgeber erwartet wird, optimal ist, kann sanft nachgeholfen werden.

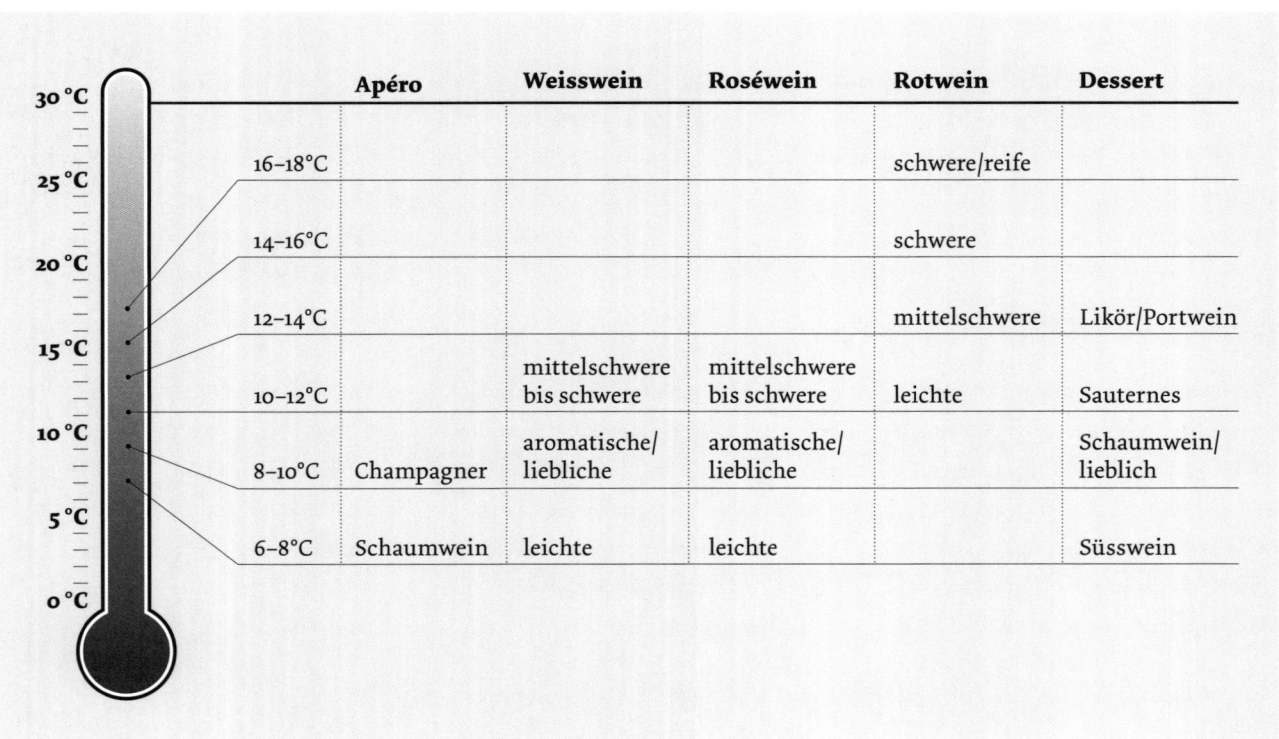

		Apéro	Weisswein	Roséwein	Rotwein	Dessert
	16–18°C				schwere/reife	
	14–16°C				schwere	
	12–14°C				mittelschwere	Likör/Portwein
	10–12°C		mittelschwere bis schwere	mittelschwere bis schwere	leichte	Sauternes
	8–10°C	Champagner	aromatische/liebliche	aromatische/liebliche		Schaumwein/lieblich
	6–8°C	Schaumwein	leichte	leichte		Süsswein

WEIN IST ZU KÜHL ODER ZU WARM

Ist der Wein zu kühl und bleibt noch genügend Zeit, reicht es, die Flasche bei Zimmertemperatur zu akklimatisieren. So erwärmt sie sich pro 10 Minuten jeweils um zwei Grad. Schneller geht es, wenn der Wein ins Glas des Gastes eingeschenkt wird. Im Notfall kann die gut verschlossene Flasche für einen kurzen Moment in lauwarmes Wasser gestellt werden. Die Temperatur der Flüssigkeit erhöht sich so unter dem wachsamen Auge des Gastgebers um rund ein halbes Grad pro Minute.

Ist der Wein zu warm, empfiehlt sich der Gang zum Kühlschrank. Die Temperatur des Weins sinkt darin alle fünf Minuten um ein Grad. Reicht die Zeit nicht mehr, legt man die Flasche am besten ungeöffnet in den Tiefkühler. Das effizienteste Mittel ist der vorbereitete Eiskübel, in den die Flasche zuerst richtig herum, dann kurz kopfüber gestellt wird. Dadurch kommt auch der Flaschenhals, der sonst an der Luft ist, in den Genuss des eiskalten Wassers. Um das Ganze zu beschleunigen, kann grosszügig Salz in das Eiswasser gegeben werden – dadurch verstärkt sich der Kühleffekt. Mit diesen Methoden sinkt die Temperatur um mindestens ein Grad pro Minute. Übrigens: Auch Rotweine dürfen im Notfall kurz gekühlt werden.

MISE EN PLACE

Dass mit Freude gekocht wird, ist klar. Aber wie gehst du dabei am besten vor? Das sogenannte Mise en Place – die Vorbereitung, bei der «alles an seinen Platz» gebracht und damit geschnitten, vorgekocht und so weit wie möglich verarbeitet wird, spielt eine wichtige Rolle. Hier ein paar Grundregeln für private Gastgeber – von Profiköchen abgeschaut:

Alles sauber und aufgeräumt

- Kühlschrank und Tiefkühler aufräumen
- Einkauf auspacken und einräumen
- Küchenablage reinigen
- Geschirrspüler ausräumen

Das Menu und seine Gerichte

Menu anschauen – die Gerichte, die gekocht werden, mental aufrufen.

Rezepte bereitlegen – Kochbücher an der richtigen Stelle und an einem geschützten Ort aufschlagen.

Mise-en-Place-Liste – alle vorzubereitenden Komponenten des Menus herausschreiben, vermerken, welches der «weitmöglichste» Verarbeitungsschritt ist, und chronologisch in der Reihenfolge der Zubereitung aufführen.

Arbeitstechnik

Liste abarbeiten – so viele Arbeitsschritte wie möglich parallel ausführen, solange du dabei den Überblick behältst.

Kühlkette beachten – alles, was nicht gebraucht wird, sofort zurück in den Kühlschrank.

Sauber arbeiten – Oberflächen nach jedem Arbeitsgang säubern und Materialien sofort in den Geschirrspüler räumen, damit auch zwischendurch mal ein Spülgang gemacht werden kann.

Gute Vorbereitung

Die Regel: Alles, was nicht unbedingt à la minute gemacht werden muss, weil sonst mit Qualitätseinbussen zu rechnen ist, ist Teil der Vorbereitung! Sind die Kräuter für die Dekoration schon gezupft? Ist das Filet für die Medaillons portioniert? Ist alles abgewaschen, was später wieder gebraucht wird? Sind die Teller abgezählt? Ist das Wasser für die Pasta im Wasserkocher oder in der Pfanne bereit zum Erhitzen? Gibt es Dinge, die bei Zimmertemperatur nicht verderben und schon angerichtet werden können? Dazu gehört beispielsweise das Apérogebäck.

Das Menu wird nicht rechtzeitig fertig – was nun?

Als guter Gastgeber solltest du auch über ein gewisses Improvisationstalent verfügen. Wenn – aus welchem Grund auch immer – der Zeitplan aus dem Ruder läuft, beschäftigst du die Gäste anderweitig und lässt den Apéro etwas länger dauern, um die Verzögerung zu kaschieren. Sobald die eigenen Hände am Herd gefragt sind, klinkst du dich am besten unauffällig aus und bietest den Gästen an, das Glas noch einmal aufzufüllen –, oder du servierst vor dem Hauptgang einen kleinen Zwischengang wie ein Sorbet, um die Wartezeit zu verkürzen.

KNACKIGES GEMÜSE

Die Garzeit ist abhängig vom Gemüsetyp. Damit alles auf den Punkt gekocht und ohne Timingstress auf den Teller kommt, statt die Garzeit der Sorten einfach die Grösse der Gemüsestücke anpassen. Es gilt: je länger die Garzeit desto schmaler der Schnitt. So haben 3mm dicke Karottenrondellen, 5mm breite Selleriestäbe, 8mm dicke Lauchstücke und 1cm breite Peperonistreifen die gleiche Kochdauer von 7-8 Min.

HYGIENE

Obwohl die Vorbereitung nicht in einer Profiküche erfolgt und keine Inspektion vom Kantonschemiker befürchtetet werden muss, ist es auch im Privathaushalt unabdingbar, die Küche sauber zu halten. Bei der Zubereitung des Menus kannst du, wenn du die Hygieneregeln beachtest, die von dir oder gewissen Lebensmitteln ausgehende Gefahr bereits im Vorfeld reduzieren.

KLEIDER UND SCHMUCK

Schmuck, vor allem Ringe (gilt nicht zwingend für den Ehering!), solltest du zum Kochen ablegen, da sich auf ihm Mikroorganismen breitmachen können. Da diese es sich auch gerne auf Kleidern gemütlich machen, solltest du ausserdem zum Schutz der Lebensmittel (und gleichzeitig der Kleider) eine saubere Schürze tragen.

HAARE AUS DEM GESICHT

Findet ein Gast ein Haar in der Suppe, ist das unappetitlich. Deshalb die Haare zusammenbinden oder kürzere Haare so gut wie möglich mit Haarklammern zurückstecken. Peinliche Momente können so vermieden werden.

Gastgeberei-Tipp

ERKÄLTET?

Wenn der Abend einer Erkältung wegen für dich zur Tortur wird, drückt das nicht nur auf deine Stimmung, sondern wird auch den Gästen nicht verborgen bleiben. Zudem besteht die Gefahr, durch den Kontakt mit Lebensmitteln deine Gäste anzustecken. Wenn du dich nicht wohlfühlst, solltest du ehrlich sein und den Abend besser verschieben.

Gastgeberei-Tipp

NUR AM HERD

Apropos Schürze: Obwohl es schöne Modelle gibt – nicht vergessen, die Schürze auszuziehen, wenn die Gäste kommen oder wenn man sich wieder an den Tisch setzt.

Gastgeberei-Tipp

HAARIGE LÖSUNG

Falls doch einmal ein Haar in der Suppe landet, gilt es dieses herauszunehmen und die Suppe nochmals richtig zum Kochen bringen, damit allfällige Bakterien abgetötet werden. Ist die Suppe mit dem Haar schon im Teller, wird dieser ausgetauscht und die Suppe frisch geschöpft.

HÄNDE WASCHEN

Ein einfaches, aber wichtiges Gebot für die Hygiene in der Küche: vor jedem Arbeitsschritt gründlich die Hände waschen. Dabei zwingend ein separates Handtuch verwenden, das nicht als Geschirrtuch genutzt wird. Mit den sauberen Händen anschliessend keine ungewaschenen Gegenstände und Produkte anfassen. Für Gastgeber, die einen Schritt weiter gehen möchten, gibt es Desinfektionsmittel, desinfizierende Handseifen oder Teebaumöl mit natürlicher antibakterieller Wirkung.

SAUBERE UTENSILIEN

Geschirrtücher, Schwämme, Spüllappen und Bürsten sollten möglichst oft gewechselt bzw. ersetzt werden, um die Hygiene zu gewährleisten. Sie sind speziell bei Wärme ein guter Nährboden für Bakterien. Am besten wäschst du die Küchenhandtücher nach jeder grösseren Zubereitung bei 90 Grad. Flüssigkeiten von Fleisch / Fisch mit Küchenpapier wegwischen – wer dafür den Spüllappen nimmt, riskiert eine Bakterienschwemme.

RICHTIG LAGERN

Ungewaschene (unreine) Produkte sollten nicht mit gewaschenen und verarbeiteten (reinen) Lebensmitteln in Berührung kommen. Verpackungen wie Kisten und Kartons werden direkt nach dem Einkauf entfernt oder auf Zeitungspapier gestellt. Zum Lagern von Lebensmitteln kommen verschliessbare Behältnisse und Abdeckfolien zur Anwendung. Plastikbeutel und Frischhaltedosen sollten luft-, wasser- und aromadicht sein. Ebenfalls wichtig ist, dass die Kühlkette bei gekühlten und gefrorenen Produkten nicht unterbrochen wird.

Gastgeberei-Tipp

QUALITÄT KAUFEN

Geschirrtücher, idealerweise in einheitlichen Farben, sollten vor dem ersten Gebrauch einige Male gewaschen werden. Designtücher sehen hübsch aus, ihre Qualität entspricht aber nicht immer der Optik. Wir kaufen unsere hochwertigen Geschirrtücher bei der Schweizer Manufaktur Meyer-Mayor.

Gastgeberei-Tipp

GUT GEKÜHLT

Es ist zwar gemütlich, sich nach dem Einkaufen einen Kaffee zu gönnen, doch den Esswaren tut das warme Auto nicht gut; deshalb Kühltaschen und -elemente mitnehmen.

Gastgeberei-Tipp

SEIFENSPENDER

Es lohnt sich, einige Franken mehr auszugeben und für die Seife einen hübschen Spender zu kaufen oder gleich eine Seife in einem dekorativen Dispenser auszuwählen.

KÜCHENBRETTER

Darüber, welches Material nun das richtige ist, streiten sich die Experten. Ob du Holz- oder Plastikbretter anschaffst, musst du als Koch selbst entscheiden. Viel wichtiger ist die Reinigung. Küchenbretter immer direkt nach dem Gebrauch gründlich und mit heissem Wasser reinigen und gut trocknen lassen. Küchenbretter mit tiefen Kerben unbedingt ersetzen, weil sie sich nicht mehr gründlich reinigen lassen: Keime können sich in den Rillen rasant vermehren.

PROBIEREN

Jeder Koch muss sein Essen probieren, bevor er es serviert. Doch er verwendet aus hygienischen Gründen weder den Finger noch den gleichen Löffel zweimal. Unabhängig davon, ob du in einer offenen Küche arbeitest oder nicht; der Gast muss darauf vertrauen können, dass kein Speichel im Essen ist.

WUNDE

So mancher Finger wurde in der Küche schon zum Opfer. Doch keine Panik, die Gäste gehen nicht gleich mit einer Infektion nach Hause, wenn du dir beim Kochen eine Schnittwunde zufügst. Ganz wichtig ist, dass die Wunde sofort desinfiziert und mit einem dichten Verband versehen wird. Dass allenfalls betroffene Produkte mit sehr heissem Wasser abgespült und notfalls weggeworfen werden, versteht sich von selbst.

Gastgeberei-Tipp

FARBENVIELFALT

Zwiebelgeruch an der frisch geschnittenen Ananas? Schade. Deshalb unbedingt verschiedene Bretter verwenden. Poulet braucht wegen der Salmonellengefahr ein eigenes Brett. Um die Schneideunterlagen nicht zu verwechseln, kaufst du sie am besten in unterschiedlichen Farben.

Gastgeberei-Tipp

HEISSES WASSER

Um nicht Dutzende Löffel zu verbrauchen, kann kochendes Wasser in einen Behälter gegossen werden. Der Degustationslöffel kommt rein und wird so gleichzeitig gereinigt und sterilisiert. Nicht vergessen, das Wasser regelmässig durch frisch aufgekochtes zu ersetzen!

Gastgeberei-Tipp

FINGERLINGE

Eine Verletzung ist kein Grund, die Gäste wieder auszuladen. Zum Schutz der Lebensmittel und der Wunde ist ein wasserdichter Verband jedoch Pflicht. Einweghandschuhe eignen sich gut, besonders praktisch sind allerdings Fingerlinge. Diese können auch aus einem Einweghandschuh gebastelt werden.

LIEBE NACHBARN, WIR FEIERN!

Es ist eine Geste der Wertschätzung, die Nachbarn im Voraus zu informieren, wenn ein ausgiebigeres Fest geplant ist. Nichts ist unangenehmer, als wenn man nach 22 Uhr wegen Nachtruhestörung von den Gesetzeshütern besucht wird. Insbesondere, da Nachbarn unabhängig davon zu einer Anzeige berechtigt sind und eine Ermahnung grundsätzlich mit einer Busse geahndet werden kann.

Von einer gemütlichen Tischrunde müssen Nachbarn nicht zwingend erfahren. Sie freuen sich aber bestimmt über eine nette Karte im Briefkasten oder einen persönlichen Besuch, bei dem sie über den geplanten Anlass informiert werden. Hier ist das Feingefühl des Gastgebers gefragt. Vorgängig eine kleine Aufmerksamkeit vor die Türe zu legen oder eine Schachtel selbst gemachter Truffes vorbeizubringen, kann bestimmt nicht schaden.

VIERTER AKT

————

Wenn wir uns ans Aufdecken und Dekorieren machen, steht das 9×9-Dinner unmittelbar bevor. Wir kontrollieren die Menukarte: Steht auch das drauf, was wir servieren werden? Als Nächstes machen wir den Tischplan, bei dem wir die Gäste so platzieren, dass jeder passende Gesprächspartner um sich herum hat. Dann beginnt eine von uns beiden, die Servietten zu falten, während die andere schon mal die Stadt-Land-Genuss-Tischsets verteilt. Nun decken wir von innen nach aussen die Gedecke auf – abgestimmt auf die Reihenfolge der Gänge. Am schnellsten geht es, wenn nicht jedes Gedeck einzeln aufgelegt wird, sondern zuerst überall Messer und Gabel der Hauptspeise, danach alle Suppenlöffel usw. Dazu nehmen wir ein sauberes Geschirrtuch zur Hand, um keine Fingerspuren auf dem polierten Besteck zu hinterlassen. Nun noch die Gläser aufstellen, die Menukarte dazwischenklemmen und die inzwischen gefaltete Serviette mit dem Band auf das Tischset legen. Ganz korrekt wäre es, wenn die Serviette mit dem Falz nach links unten zeigen würde. Wir erlauben uns, es hier genau umgekehrt zu machen, weil es uns einfach besser gefällt.

Zum Schluss kommen die eigens für den Abend arrangierten Blumen auf den Tisch, ausserdem die Stifte für das Tischsetspiel und die Kerzen. So spät wie möglich machen wir die Brotkörbchen bereit und legen eine Serviette darüber, damit es nicht austrocknet. So, noch rasch überall die Kerzen anzünden, jetzt kann es losgehen, die Gäste können kommen. Bis die ersten da sind, gönnen wir unserem Team und uns selbst einen Apéro zur Einstimmung.

TISCH DECKEN

GEDECK

Ob Industriemesser oder mundgeblasene Gläser ist die Entscheidung des Gastgebers. Natürlich sind auf dem Tisch kreative Eigenkreationen erlaubt. Dafür, wie und wo sie platziert werden, gibt es jedoch Grundregeln.

Die Übereinstimmung von Formen und Farben erzeugt beim Gast ein meist unbewusstes Gefühl von Harmonie und Ruhe. Es ist daher sinnvoll, wenn Tischwäsche, Besteck, Porzellan, Gläser und Dekoration aufeinander abgestimmt sind. Je exakter die Anordnung der Besteckteile und Gläser sowie die Abstände der Gedecke sind, umso harmonischer wirkt der Tisch und somit auch der Gesamteindruck des Raumes.

Aufgedeckt wird von innen nach aussen mit Hilfe eines Geschirrtuchs, um keine Fingerspuren zu hinterlassen. Dies bedeutet, dass man mit dem Besteck für den Hauptgang beginnt. Die Besteckteile für den ersten Gang werden ganz aussen auf der rechten und linken Seite platziert. Der Gast wird sich später von aussen nach innen «hineinessen». Beim Aufdecken muss also in umgekehrter Reihenfolge gedacht werden.

Der Abstand zwischen Messer und Gabel des Hauptgangs muss so gross sein, dass der grösste Teller dazwischen gestellt werden kann, und dabei das Besteck nicht verdeckt wird. Damit dieser Abstand auch eingehalten wird, kann ein Platzteller verwendet werden, auf den später alle Speiseteller gestellt werden. Arbeitet man ohne Platzteller, nimmt man am besten einen der Teller, die für den Hauptgang bestimmt sind, zur Hilfe, um das richtige Mass zu treffen.

Die Gabeln werden versetzt aufgedeckt. Dabei sollten die Zinkenspitzen der unteren Gabel eine Linie mit den Zinkenenden der nach oben versetzten Gabel bilden. Messer und Löffel auf der rechten Seite liegen auf einer unteren Linie.

Besteck für Speisen, die nach dem Hauptgang serviert werden (z.B. Käse oder Dessert) wird in der klassischen Variante und bei grösseren Gesellschaften über dem Teller platziert. Das spart Zeit. In diesem Fall kommt die Gabel unterhalb des Löffels zu liegen und schaut nach rechts, der Löffel schaut nach links.
Wenn die Atmosphäre unkompliziert

sein soll, der Platz fehlt, nicht genügend Besteck vorhanden ist, es optisch nicht passt (z.B. ein Löffel für den Sorbet-Zwischengang) oder der Gastgeber seine Fürsorge unterstreichen möchte, wird das Gedeck auf den Moment hin, in dem es gebraucht wird, ergänzt. So verhinderst du auch, dass bei einem grossen Menu eine Unmenge an Besteck auf dem Tisch liegt – mehr als drei Stück pro Seite macht generell keinen Sinn. Um Arbeitsschritte zu sparen, kann der Käse zum mit der Hand essen direkt auf Brot oder der Dessertlöffel gleich auf dem Dessertteller mitserviert werden.

Deckt man einen Brotteller ein, bildet dieser entweder am unteren Rand mit dem Besteck eine Linie, oder sein Mittelpunkt liegt mit jenem des Speisetellers auf gleicher Höhe.

Die Bestecke und Geschirrteile der sich gegenüberliegenden Plätze sollten in einer Linie liegen. Dasselbe gilt für die Gedecke einer Platzreihe.

Der Abstand aller Besteck- und Geschirrteile (mit Ausnahme der vorgeschobenen Gabel) zur Tischkante beträgt ungefähr eine Daumenbreite.

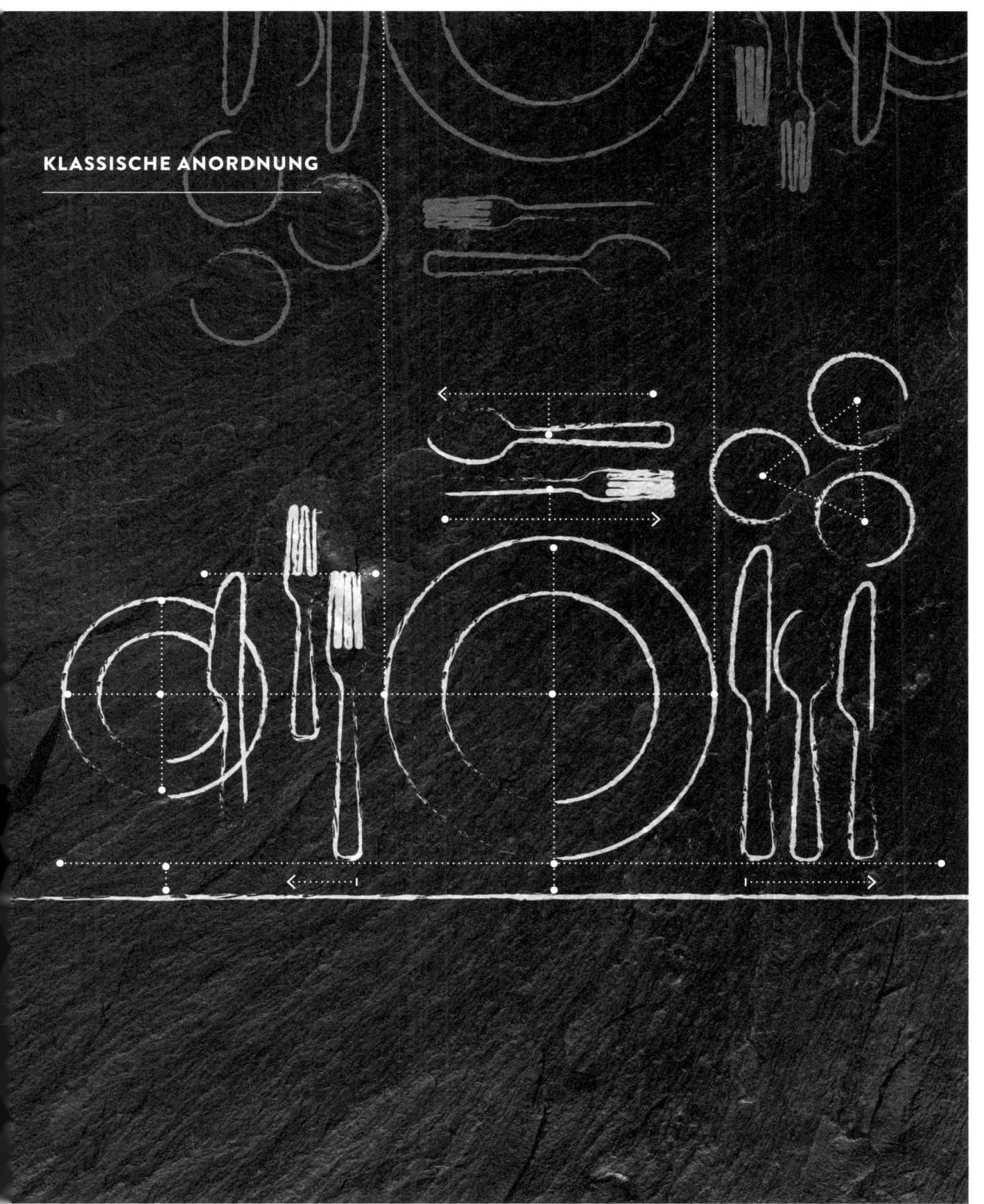

KLASSISCHE ANORDNUNG

GLÄSER

Gläser können unterschiedlich platziert werden; die wichtigste Grundregel ist jedoch, dass der Gast ohne akrobatische Handbewegungen an sein gefülltes Glas kommen sollte.

Beim klassischen Gedeck dient das Rotweinglas als sogenanntes «Richtglas». Dieses wird als erstes eingedeckt und steht ca. einen Zentimeter über der Spitze des Messers für den Hauptgang. Nach ihm werden in der Regel das Weisswein- (über dem Vorspeisenmesser) und das Wasserglas ausgerichtet.

In der praktischen Variante steht das Wasserglas als kleinstes Glas vor den Stielgläsern, damit man das Wasser leicht einschenken und leicht davon trinken kann. Die Chance, ein Glas versehentlich umzustossen, verringert sich dadurch deutlich.

Mehr als drei Gläser einzudecken, ist aus Platzgründen ebenfalls nicht sinnvoll. Sind weitere Gläser nötig,

werden sie vorzugsweise nachgedeckt. Im privaten Rahmen hängt die Anzahl verschiedener Gläser davon ab, welche Weine offeriert werden und wie wichtig dem Gastgeber deren Präsentation ist. Im ungezwungenen Rahmen ist es kein Verbrechen, das Weissweinglas auch als Rotweinglas zu verwenden. Insbesondere, wenn nicht genügend Gläser vorhanden sind, ist dies die bessere Variante, als zu ungemütlichen Abwaschaktivitäten während des Essens anzusetzen. Das Gleiche gilt für das Besteck.

Gastgeberei-Tipp

INSZENIERUNG

Mit auffallend wenig eingedeckten Besteckkomponenten oder Gläsern können Einzelstücke bewusst inszeniert werden – so macht es beispielsweise mancher Spitzengastronom. Viel Besteck und viele Gläser auf dem Tisch erzeugen dagegen einen üppigen Eindruck; dies gibt dem Anlass einen festlicheren Charakter.

Endkontrolle

Der Tisch ist gedeckt? Jetzt unbedingt noch die Stühle so ausrichten, dass diese nicht unter den Tisch geschoben sind, sondern die vorderen Stuhlbeine mit dem Tischtuch eine Linie bilden.

Gleichzeitig kannst du noch kurz kontrollieren, ob alles korrekt aufgedeckt wurde und alle Gedecke vollständig sind.

60 - 70 cm

TISCHWÄSCHE

TISCHTUCH

Ob du ein Tischtuch verwendest oder nicht, hängt auch davon ab, in welchem Zustand dein Tisch ist und ob du ihn schützen möchtest. Ein Tischtuch ist ideal, um eine abgenutzte Tischoberfläche zu verstecken, und schont die Tischplatte vor Schmutz und heissem Geschirr. Es schafft ausserdem eine elegante Atmosphäre.

Um ein Verrutschen der Tischdecke zu verhindern, wird zuvor ein Molton über den Tisch gezogen (Achtung: Die verwendeten Gummizüge oder Bänder dürfen nicht sichtbar sein!). Das Tischtuch selbst muss der Form des Tisches angepasst sein (rechteckig / quadratisch). Auch für runde Tische verwendet man heute quadratische Tischdecken, denn runde Tischdecken mit ihrem typischen Faltenwurf gelten nicht mehr als zeitgemäss.

Tischtücher sollten auf allen Seiten 25 bis 30 Zentimeter überhängen. Man platziert sie am besten zu zweit, um unerwünschte Falten zu verhindern. Wer es perfekt machen möchte, verwendet zudem ein Napperon – ein kleineres Tischtuch, das über Kreuz auf die grosse Tischdecke gelegt wird –, eine Methode, die in der Gastronomie angewendet wird.

TISCHSET

Anstelle eines Tischtuchs können auch Tischsets verwendet werden. Sie markieren die einzelnen Plätze und dienen als Unterlage, um den Tisch zu schonen. Gleichzeitig sind sie ein dekoratives Element und damit Teil der Tischdekoration. Während die meisten Tischtücher aus Stoff sind, erhält man Tischsets in allen möglichen Materialien. Leder, Stein, Holz oder Kunststoff sind nur einige der Optionen, und die Wahl ist Geschmackssache. Wichtiger ist, dass sie leicht zu reinigen und auch beim nächsten Gebrauch noch optisch ansprechend sind. Nicht reinigen muss man Papiertischsets. Diese sind für den einmaligen Gebrauch bei Schweizer Designlabels wie Trendform oder Fidea Design in den verschiedensten Sujets erhältlich. Das Tolle dabei: Sie können auf das Thema der Einladung abgestimmt werden. Oder warum nicht ein eigenes Sujet auf A3-Papier drucken und das Tischset so als Menu- oder Tischkarte einsetzen?

Gastgeberei-Tipp

UNTERHALTUNGS-FAKTOR

Statt nur als Gedeckunterlage zu dienen, können Papiertischsets auch zum Unterhaltungsfaktor werden. Mit Spiel- oder Zeichnungsvorlagen bedruckt – für die Kleinen zum Malen und bei den Grossen, um das Eis zu brechen –, werden die Gäste sie lieben.

Auf den Tisch

Manche Tische werden schöner, wenn sie «leben» und Patina bekommen, und andere sind nicht heikel bzw. so schön, dass mit gutem Gewissen das Gedeck direkt auf den Tisch gelegt werden kann. Dies aber bitte nur, wenn die Oberfläche «angenehm» ist.

SERVIETTEN

Servietten schützen die Kleider und dienen der Reinigung des Mundes während des Essens.

Stoffservietten

Stoffservietten garantieren einen Wow-Effekt. In der Gastronomie sind sie meist aus Baumwolldamast, das feste Gewebe ist ideal zum Falten. Für zu Hause gibt es viele Varianten. Ob Leinen oder Baumwolle, Hauptsache sauber und gepflegt, schön gebügelt und hübsch dekoriert.

Serviettenringe – selbst gemacht oder gekauft – können als Ergänzung benutzt werden und zum Beispiel auch gleich als Tischkärtchen dienen.

Papierservietten

Je nach Anlass reichen auch Papierservietten völlig aus. An einer unkomplizierten Grillparty oder einem Apéro im Stehen wäre es übertrieben, mit Stoffservietten aufzutrumpfen. Papierservietten gibt es in vielen Grössen, Farben und Musterungen, ausserdem sind saisonale und anlassbezogene Motive (für Kindergeburtstage, Weihnachten usw.) erhältlich – nimm dir ruhig einige Minuten Zeit, um schöne Papierservietten auszuwählen, die zur Einladung und zum Menu passen. Zudem gibt es unterschiedliche

Qualitäten; Papierservietten aus Zellstoff fühlen sich gar an, als wären sie aus Stoff.

Servietten falten

Gefaltete Stoff- oder Papierservietten sind der Klassiker unter den Tischdekorationen, und im Internet finden sich dafür unzählige Anleitungen – vom Herz bis zum Schwan. Viele Faltmodelle sind allerdings sehr klassisch und wirken teilweise fast schon konservativ. Und das Unpraktische dabei ist, dass du dafür die Serviette mehrfach anfassen musst, was im Grunde genommen nicht hygienisch ist. Es empfiehlt sich deshalb, unkompliziertere und modernere Faltmethoden zu wählen, bei denen du die Serviette einfach rollst oder mit wenigen Handgriffen faltest. Um die Tischdekoration aufzupeppen, gibt es weitaus bessere Varianten. Gestalte deine eigene Serviettenkunst mit Bändern, Blumen, Kräutern, Papier usw., und der Dekorationseffekt ist gewiss.

Handserviette? Sehr praktisch.

Die Handserviette dient im Gegensatz zur Mundserviette als Werkzeug für den Service. Mit ihr lassen sich unschöne Abdrücke auf dem Tellerrand oder Verbrennungen durch heisses Geschirr verhindern. Auch praktisch ist sie als Tropfschutz für den

Weinservice. Im Privaten ist sie kein Muss, eine vorgefaltete, schöne Stoffserviette oder ein gebügeltes Geschirrtuch sorgen aber für das gewisse Extra.

Gastgeberei-Tipp

WÄSCHEREISERVICE

Dein Inventar an Stoffservietten und Tischtüchern ist nicht gerade gross? Kein Problem. Tischtücher und Stoffservietten kann man in Wäschereien für wenig Geld mieten und vor allem nach der Einladung ungewaschen zurückbringen. Unbedingt zwei bis drei Servietten mehr nehmen, als die Anzahl der Gäste verlangt. Ob damit etwas hübsch präsentiert oder ein Missgeschick behoben wird – ein kleiner Vorrat ist praktisch.

SALZ UND PFEFFER

Die Frage, ob Salz und Pfeffer auf den Tisch gehören, stellt sich wohl jeder Gastgeber. Der Ansatz, der in der gehobenen Gastronomie gilt, ist pragmatisch und deshalb gut. Dem guten Koch ist nämlich zuzumuten, dass er die Speisen so würzt, dass diese nicht nachgewürzt werden müssen. Also bräuchte es eigentlich auch keine sogenannten Menagen auf dem Tisch.

Aber was, wenn es einem Gast nun trotzdem nicht salzig genug ist? Da es vielen unangenehm ist, danach zu fragen, solltest du vorbeugen und zur Sicherheit Salz und Pfeffer auf den Tisch stellen. Bekanntlich ist die Wahrnehmung in Sachen Würze sehr unterschiedlich. Was für den einen salzig ist, ist es für den andern nicht.

Jeder Mensch hat ein anderes Empfinden, was die Würze betrifft, und so ist es schwierig, abzuschätzen, was zu wenig, genug oder zu viel ist.

Isst du selbst gern eher würzig, empfiehlt es sich, beim Kochen Salz und Pfeffer so zu dosieren, dass es für dich schon fast ein wenig fad schmeckt, um jene nicht vor den Kopf zu stossen, die es eher ungesalzen mögen. Auch dir als Gastgeber ist es natürlich erlaubt, am Tisch nachzuwürzen.

Gastgeberei-Tipp

DEKORATIVE WÜRZE

Salz und Pfeffer sind nicht nur praktisch, sondern können auf dem Tisch auch sehr dekorativ aussehen. Warum nicht Streuer oder Mühlen mit ansprechendem Design kaufen? Wenn diese dann noch mit rosa Himalajasalz, blauem Persiensalz oder einer mit Blüten angereicherten Variante gefüllt werden – um nur einige Beispiele zu nennen –, ist der Wow-Effekt gewiss. Auch bei den Pfeffersorten kann aus dem Vollen geschöpft werden. Was auf den Tisch kommt, soll nicht nur die Zunge, sondern auch das Auge erfreuen. Salzstreuer mit Reiskörnern drin und Plastikdosen mit gemahlenem Pfeffer gehören nicht auf den Tisch.

TISCHDEKORATION

BLUMEN

Je nach Anlass und Jahreszeit finden Blumen und weitere Dekorationselemente auf dem Tisch Platz. Als Grundregel gilt: Die Tafel sollte nie überladen daherkommen. Die verwendete Dekoration soll saisongerecht, sachbezogen und einheitlich sein, um damit den Anlass und das Menu einzubetten. Typisch sind zum Beispiel Tannenzweige oder bunte Kugeln zum Weihnachtsfestmahl, ein kleines Nest zum Osterbrunch oder Lampions zur Sommerparty. Noch schöner ist es natürlich, wenn auch hier der «rote Faden» der gesamten Einladung durchgezogen wird und die Elemente der Einladungskarte sich in der Dekoration wiederfinden.

Gastgeberei-Tipp

ZUM MITNEHMEN

Die Gäste freuen sich, wenn ihnen ein Teil der Dekoration als Geschenk mit nach Hause gegeben wird. Ein speziell für den Anlass gestalteter Kerzenhalter, das Blumengesteck oder kleine Geschenkpakete, die eine Überraschung enthalten, während dem Essen aber auf dem Tisch stehen, sind ideale Objekte dafür.

Ob aufwendiges Blumengesteck oder saisonale Schnittblumen in einer schönen Vase: Florale Arrangements sind ein Blickfang und machen die Tafel festlich. Für welche Art der Dekoration du dich entscheidest, ist in erster Linie vom Anlass, deinem Geschmack und deinen Fähigkeiten abhängig. Eine professionelle Blumendekoration kann kostspielig sein, lohnt sich allerdings bei besonderen Festen wie einer Hochzeit allemal. Es muss aber nicht immer ein grosser Aufwand betrieben werden. Hübsch arrangierte Schnitt- oder gar Wiesenblumen in ausgefallen Vasen können ebenso schön wirken.

Blumige Regeln

- Verwende keine Blumen, die stark duften (Lilien, Flieder usw.) oder gar giftig sind (Maiglöckchen, Lupinen, Weihnachtsstern).
- Kaufe frische, wenn möglich saisonale Blumen.
- Blumen haben ihre eigene Sprache, am besten beim Kauf kurz nachfragen welche versteckten Botschaften die Sorte übermittelt. Wer weiss, vielleicht ergibt sich daraus auch gleich eine schöne Geschichte für das Tischgespräch.
- Pflege deine Blumen: frisches Wasser einfüllen, Blätter innerhalb der Vase und Dornen entfernen, welke Blumen sofort aussortieren.

- Blumen nicht direkt in der Sonne, Kälte oder Zugluft platzieren.
- Blumen auf dem Tisch: Mass halten und die Blumenelemente der Tafelgrösse anpassen (Höhe und Volumen). Es ist wichtig, dass sich die Gäste noch sehen können.
- Warum nicht viele kleine Vasen mit je 1 bis 5 Blumen füllen und diese an verschiedenen Orten platzieren: beim Eingang, im Gästebad, auf dem Beistelltisch … Hübsch sieht es auch aus, wenn einige dieser kleinen Vasen beieinander stehen.

Die Vase – einmal anders

Es muss nicht immer eine Porzellanvase sein. Viele Gebrauchsgegenstände eignen sich auch als Blumenvasen und bieten durch ihre Formen und Materialien eine spezielle Präsentationsart:

- Limonadenfläschchen
- Blechdosen
- Tassen/Krüge
- Apothekerflaschen
- Marmeladengläser/Einmachgläser

Haltbarkeit

Damit der dekorative Effekt die Einladung lange überdauert, sollten die Blumen jeweils über Nacht kühl gelagert werden. Für die Lagerung empfiehlt sich je nach Aussentemperatur die Terrasse, der Keller oder sogar der Kühlschrank.

HIER SITZT

EVELYNE

TISCHKARTEN

Bei grösseren Gruppen ist es sinnvoll, Namensschilder zum Anstecken und/oder Tischkarten vorzubereiten. Letztere vereinfachen das Platzeinweisen und wirken hübsch gestaltet sehr dekorativ. Tischkärtchen sind mit ein wenig buntem Papier und einem Filzstift auch in Zeitnot schnell gezaubert. Noch schöner wird der Tisch, wenn du dir bereits im Vorfeld der Einladung die Zeit nimmst, spezielle «Platzanweiser» zu gestalten.

Klassisch werden Tischkarten oberhalb des Gedecks aufgestellt. Bei der Gestaltung und Platzierung sind der Kreativität des Gastgebers aber kaum Grenzen gesetzt. Es gibt nur einige Fragen, die vorgängig zu beantworten sind:

· Ist für den Gast klar erkennbar, was gegessen werden darf? Dass hungrige Gäste den mit ihrem Namen angeschriebenen Muffin verzehren, ist anzunehmen. Sollte das nicht in Sinne des Gastgebers sein, muss es klar kommuniziert werden.

· Ist die Idee so kreativ, dass etwas auslaufen, schmelzen oder Schäden verursachen kann? Ein angeschriebenes Truffessäckchen in der prallen Sonne oder eine gefährliche Bostitch-Spitze da, wo man automatisch hingreift, sollten sicher vermieden werden.

· Darf der Gast das Objekt als Geschenk mitnehmen? Viele Gäste nehmen gerne das Namensschild als Erinnerung an den Anlass mit.

· Bekommen alle das gleiche Namensschild, oder gibt es vielleicht die Möglichkeit, damit spielerisch etwas über den Gast zu verraten? Als Eisbrecher am Tisch oder für Vorstellungsrunden bei Banketten ein elegantes Instrument.

Die Namensschilder, Tischkarten und Menukarten eigenen sich hervorragend, um grafisch den roten Faden der Einladungskarte weiterzuziehen.

Gastgeberei-Tipp

BEIDSEITIG

Bei grossen Gesellschaften ist es praktisch, wenn der Name von beiden Seiten her sichtbar ist. So kann auch die gegenüber sitzende Person den Namen lesen.

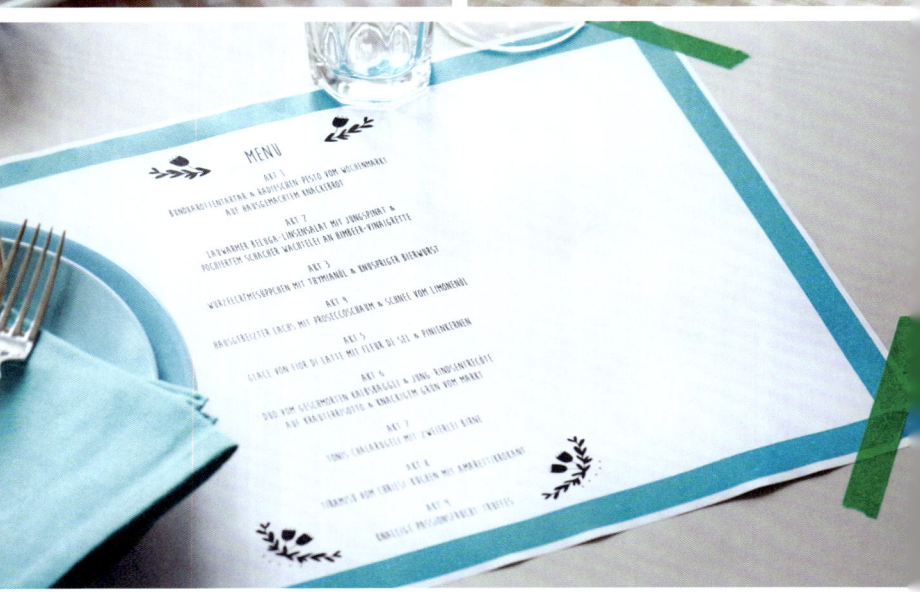

MENUKARTEN

Selbstverständlich ist eine Menukarte im privaten Rahmen keine Pflicht und kann durchaus auch zu viel sein. Für einen einfachen Pasta-Abend extra eine Karte zu basteln oder auszudrucken, wirkt eher übertrieben. Das Menu auf eine Tafel zu schreiben, passt hier vielleicht besser zum Anlass. Gibst du dir aber viel Mühe beim Kochen und bereitest ein grosses, aufwendiges Menu vor, darfst du dieses ruhig auf einer Menukarte festhalten.

Die Menukarte gibt einen kulinarischen Ausblick auf das Essen und ist gleichzeitig ein guter Einstieg ins Tischgespräch. Man kann über Zutaten sprechen, die man sehr mag, oder über Zubereitungsarten, die man besonders schätzt. Oder über den Wein, auf den man sich freut.

Bei der Gestaltung der Menukarte solltest du dich an den Stil der Einladung und / oder der Tischkarten halten. Ob du sie von Hand schreibst oder auf dem Computer etwas Schönes gestaltest, hängt vom Stil der Einladung und deinen kreativen Fähigkeiten ab.

Menukarten nehmen Gäste gerne mit nach Hause, damit sie sich an das Essen erinnern. Deshalb unbedingt auch den Wein auf der Karte vermerken.

Weiter ist die Menukarte ideal, um Botschaften mitzuteilen. Ob ein Gedicht, ein Witz, Informationen zu den Produzenten der Lebensmittel – oft hast du eine freie Fläche, auf die du etwas schreiben kannst, das du nicht einfach so erzählen kannst.

Gastgeberei-Tipp

EINMAL ANDERS

Statt Gang für Gang das Menu zu präsentieren, können auch speziellere Darstellungsformen gewählt werden. So können zum Beispiel für einmal nur die Zutaten erwähnt werden, oder das Menu wird in Form einer Geschichte erzählt.

RAUMATMOSPHÄRE

LICHT

Die richtige Beleuchtung schafft Farbe, Wärme und Stimmung und trägt zur Atmosphäre der Einladung bei. Das Licht über dem Esstisch darf weder zu grell und hart noch zu schummrig sein und sollte sich verschiedenen Anlässen, Umständen und Tageszeiten anpassen lassen. Hier ein paar einfache Grundregeln für Tischleuchten:

- Hängeleuchten über dem Tisch wirken gemütlich und tragen zum Gesamtbild des Raums bei. Wichtig beim Anbringen ist es, die ideale Höhe zu finden – die Leuchten sollten möglichst tief angebracht werden, damit sie nicht blenden, dürfen aber gleichzeitig den Blickkontakt über den Tisch nicht stören.
- Dimmbare Leuchten über dem Esstisch sind von Vorteil. So kannst du je nach Stimmung mit der Helligkeit spielen, und die Kerzen kommen besser zur Geltung.
- Als Hintergrundlicht eignen sich Wandleuchten, Deckenfluter oder Stehleuchten, welche mit etwas Abstand zum Esstisch platziert werden. Sie lassen den Raum weitläufig und offen wirken. Eine weitere Möglichkeit ist es, Bilder oder Dekorationen mit Spots gezielt anzustrahlen und zu inszenieren.

- Für den Essbereich weniger geeignet sind Spots, es sei denn, sie lassen sich so ausrichten, dass niemand direkt angestrahlt und damit geblendet wird.
- Halogenglühlampen erzielen beim Dimmen ein warmes Licht und tragen damit zur Stimmung bei.
- Wichtig ist brillantes Licht mit guter Farbwiedergabe (Halogenglühlampen/LEDs). Schatten, Reflexionen und Farben machen eine gelungene Inszenierung aus.

Kerzen

Kerzen sind ein wichtiges Stimmungselement für ein gemütliches Abendessen und können sehr effektvoll eingesetzt werden. Besonders im Winter sorgen sie für warmes und festliches Licht. Kerzen passen aber auch im Frühling, Sommer und Herbst auf den Tisch.

Ähnlich wie bei den Blumen ist auch bei der Kerzenpräsentation vieles möglich. Klassisch und zeitlos sind Kerzenständer oder Teelichthalter. Kerzen lassen sich aber auch auf Tellern, in Gläsern und in ausgefallenen Gefässen arrangieren oder in leere Weinflaschen stecken. Zudem gibt es im Fachhandel eine Vielzahl von cleveren und ausgefallenen Kerzenständern und Kerzen für alle, die es etwas unkonventioneller mögen. Wichtig ist nur:

- Neue Kerzen verwenden. Zur Hälfte heruntergebrannte Kerzen kannst du zu einem späteren Zeitpunkt im privaten Rahmen wieder hervornehmen. Bei Teelichtern kann eine Ausnahme gemacht werden, doch angebrauchte Teelichter brennen nicht mehr den ganzen Abend, und so lohnt es sich, sie vorher zu wechseln, um während des Abends keine Unruhe zu stiften.
- Brandgefahr! Befestige die Kerzen gut, eine Stabkerze kann leicht kippen. Die Kerzen so platzieren, dass nichts Brennbares in der Nähe ist und sie weder zu nahe zusammenstehen noch allzu leicht umgestossen werden können. In der Papeterie gibt es klebende Kerzenwachstropfen. Wenn diese unten an der Stabkerze befestigt werden, steht sie fest im Kerzenhalter. Kerzen rechtzeitig löschen, so kann der Stummel viel leichter herausgezogen werden.
- Stark riechende Duftkerzen gehören nicht auf den Tisch, sondern ins Bad.

Gastgeberei-Tipp

AUSSENBELEUCHTUNG

Du schmeisst eine Silvesterparty und hast auf dem Balkon eine Raucherecke eingerichtet? Vergiss nicht, ein Windlicht oder eine Laterne aufzustellen, damit die rauchenden Gäste auch draussen etwas Licht und Atmosphäre geniessen können.

Du bist ein Julikind und feierst deinen Geburtstag in einer langen Sommernacht mit einer lauschigen Gartenparty? Auch im Sommer wird es irgendwann dunkel. Schöne Lampions, schicke Windlichter oder eine dezente Lichterkette sorgen dafür, dass die Party bis in die Nacht dauern kann. Praktisch sind zudem mit Citronella parfümierte Kerzen, welche die Mücken verjagen.

Raumklima

Die optimale Raumtemperatur liegt zwischen 20 und 23 Grad Celsius. Wir empfehlen, den Raum zu Beginn der Einladung eher kühl zu halten. Im Verlauf des Abends wärmt er sich automatisch auf. Zudem sollte der Raum weder zu feucht noch zu trocken sein, die optimale Luftfeuchtigkeit liegt zwischen 40 und 60 Prozent.

Raumduft

Jedes Zuhause hat einen ganz eigenen Geruch, und so darf es auch sein. Doch wenn Gäste kommen, sollten die Räume weder nach Rauch oder Haustieren noch nach dem letzten Räucherstäbchen riechen. Deshalb gilt: lüften. Und zwar richtig und ausführlich.

Für ein angenehmes Ambiente dürfen Raumdüfte eingesetzt werden – allerdings mit der nötigen Zurückhaltung. Neben dezentem Blumenduft kannst du auch andere natürliche Düfte wie Kräuter oder Gewürze einsetzen. Frische Minze, Rosmarin oder Thymian im Frühling und Sommer oder Zimt und Gewürznelken im Winter verströmen eine saisonale Note.

Raumdüfte kommen meist in Form von Duftkerzen, Raumsprays, Dispensern, Beduftern oder Duftsäcken daher. Dabei gibt es grosse qualitative Unterschiede. Billige, in der Regel künstlich hergestellte Raumdüfte sind penetrant und verursachen im schlimmsten Fall gar Kopfschmerzen bei den Gästen. Es lohnt sich also, in einen hochwertigen und natürlichen Raumduft zu investieren. Unbedingt im Geschäft nachfragen, woher die Essenzen kommen, oder in der Drogerie natürliche Öle kaufen und diese in Duftlampen oder auf Duftsteinen einsetzen. Auf besonders eigenwillige, starke oder exotische Düfte und Duftmischungen verzichtest du lieber, da nicht jeder Gast sie mögen wird. Je nach Anlass empfiehlt es sich, den Duft anzupassen. Erwartest du deine grosse Liebe und möchtest eine aphrodisierenden Wirkung erzeugen, empfiehlt es sich, auf Vanille oder Ylang-Ylang zu setzen, soll die

Stimmung während der Tea-Time lieblich und verspielt sein, dann passen Rose oder Lavendel. Für ein Abendessen der klassischen Art den Duft am besten der Saison oder dem Thema anpassen und im Sommer auf Fruchtig-Frisches wie Zitrusfrüchte und im Winter auf warme, würzige Düfte wie Zimt und Zeder setzen.

Klar ist jedoch, dass der beste Raumduft für jeden hungrigen Gast der vielversprechende ist, der aus der Küche kommt.

Gastgeberei-Tipp

PARFÜM

Ein stark riechendes Parfüm ist dein Markenzeichen? Bei einer Einladung, für die du fein gekocht hast, verzichtest du lieber darauf, da es von den feinen Gerüchen deiner Gerichte ablenkt, und wählst stattdessen einen dezenten Duft.

EINRICHTUNG

Du musst nicht die ganze Wohnung auf den Kopf stellen, wenn du Gäste erwartest. Schliesslich widerspiegeln die eigenen vier Wände auch die Persönlichkeit und den Stil der Menschen, die darin leben. Dennoch gilt es ein paar Punkte zu beachten und alltägliche Nachlässigkeiten beiseitezuräumen. Ein bevorstehender Anlass kann aber auch dazu genutzt werden, eine schon länger geplante Neuanschaffung endlich umzusetzen oder ein bereits vor einer Weile gekauftes Bild endlich aufzuhängen.

Aufräumen

Die Gäste müssen nicht vom Boden essen können, aber die Wohnung sollte sauber und ordentlich daherkommen. Verstaue den Stapel mit Rechnungen und Werbebroschüren, entsorge PET, Glas und Alu und stelle den vollen Abfallsack rechtzeitig vor die Tür. Schuhe gehören ins Schuhregal und das Bügelbrett in den Schrank. Gibt es ein Zimmer, das die Gäste nicht betreten sollen? Dann gehe auf Nummer sicher und schliesse es ab.

Du hast Kinder? Dann haben die bestimmt auch viele Spielsachen und Plüschtiere. Ausser bei einem Kindergeburtstag gehören diese während Anlässen ins Kinderzimmer.

Küche

Die Küche ist an diesem Abend dein Arbeitsort und sollte dementsprechend vorbereitet sein: Putze den Kühlschrank und entsorge alles, was nicht mehr frisch ist. Damit schaffst du Platz für die Zutaten für dein Menu. Saubere Abwaschlappen und trockene Handtücher sind eine Selbstverständlichkeit.

Garten

Du planst eine Gartenparty oder verlegst den Apéro an einem schönen Frühlingsabend spontan nach draussen? Befreie die Balkonstühle und den Gartentisch vom Winterstaub, organisiere eine zusätzliche Kühlmöglichkeit für erfrischende Getränke und beobachte die Wettersituation. Sind Platzregen oder Sommergewitter angesagt, lohnt es sich, ein Partyzelt aufzustellen.

Garderobe

Räume im Vorfeld deine Garderobe auf, damit es Platz für die Jacken der Gäste hat. Die eigenen Jacken im Kleiderschrank verstauen und freie Kleiderbügel bereithängen. Wenn dein Eingangsbereich dafür zu klein ist, kannst du die Garderobe auch in ein Zimmer verlagern. Eine einfache Kleiderstange genügt. Die Gäste sollten nicht in einem Haufen von Winterjacken wühlen müssen, bevor sie nach Hause gehen können.

Genügend Mobiliar?

Es lohnt sich, einige Klappstühle als Reserve im Keller zu haben. Ist der Tisch zu klein? Einen Klapptisch vom Balkon oder zwei «Böckli» mit einer einfachen Spanplatte ansetzen, ein schönes Tischtuch darüberlegen, und schon hat man eine lange Tafel. Achtung: Bei empfindlichen Bodenbelägen nicht vergessen, Filzteilchen an die Unterseite der Tischbeine zu kleben!

Gästezimmer

Spricht man von Möblierung und Gästen, kommt oft die Frage nach dem Gästezimmer. Es ist ein Luxus, wenn man ein Zimmer nur für Gäste hat. Ist dieses nicht vorhanden und muss das Gästebett im Wohnzimmer aufgestellt werden, gibt es für diesen Zweck gute Luftmatratzen und hübsche Bettsofas. Möchtest du die Gastfreundschaft auf die Spitze treiben, schläfst du im Wohnzimmer und übergibst dein Zimmer den Gästen. Das ist allerdings mehr Kür als Pflicht. Dagegen versteht es sich von selbst, dass du als Gastgeber als Erster aufstehst und Frühstück machst.

WOHNUNGS-GESCHICHTEN

Sei stolz auf deine Wohnung! Gastgeber, die alle fünf Minuten betonen, dass nicht aufgeräumt ist oder die Stühle Überbleibsel aus der Studienzeit sind, langweilen ihre Gäste. Stattdessen solltest du lieber von der schönen Kommode erzählen, die du selbst renoviert hast, von deiner Designerleuchte aus den Siebzigern oder von den Hockern, die du von der Urgrossmutter geerbt hast.

Aber Achtung, hier ist Feingefühl gefragt: Stolz sein heisst nicht angeben. Am besten wartest du mit den Geschichten, bis du von den Gästen explizit auf deine Einrichtung angesprochen wirst.

Es gibt Anlässe, bei denen die Musik ein fixer Bestandteil des Programms ist. Sei es der DJ zur grossen Party nach dem Hochzeitsessen, die A-cappella-Formation mit einem Ständchen zum runden Geburtstag oder das Streicherensemble beim offiziellen Teil der Abschlussfeier. Wie aber verhält es sich mit Hintergrundmusik bei einem Abendessen zu Hause?

Wie bei der Deko gilt auch bei der Musik: Sie soll Stimmung schaffen, nicht aufdringlich sein, nicht bei Gesprächen stören, leicht unterhalten und dennoch nicht langweilen. Nicht ganz einfach! Hier ist Fingerspitzengefühl gefragt. Schliesslich ist dein Musikgeschmack nicht zwingend auch jener deiner Gäste.

MUSIK AUS DEM NETZ

Im Internet, zum Beispiel auf www.spotify.com, gibt es zahlreiche Playlisten, die bei deinen Gästen bestimmt Anklang finden.

Tonfall(-en)

· Du möchtest nach einer ausgiebigen Kubareise deine Freunde mit tollen Geschichten, eindrücklichen Bildern und einem exotischen Essen beeindrucken? Mit etwas Mambo oder Son cubano bringst du zusätzliches Karibikflair in deine Stube.

· Passe die Musik der Runde an – wenn sich bei der Geburtstagsfeier eine lockere Stimmung breit macht und die Leute anfangen zu tanzen, kann die Musik gerne in den Vordergrund treten. Zeichnet sich allerdings ein «ruhiger» Abend ab, der mehr von lustigen Gesprächen und intensiven Diskussionen geprägt ist, sollte die Musik dezent im Hintergrund bleiben. Easy Jazz oder Pianomusik sind da immer passend.

· Der Musikgeschmack der Gäste gibt den Ton an. Ist nicht bekannt, was die Gäste gerne hören, so liegst du mit dezenter Hintergrundmusik kaum je daneben.

Organisierst du ein Fest bei dir zu Hause? Dann ist die Toilette der Raum, den wohl alle Gäste im Verlauf des Abends mindestens einmal betreten werden. Es lohnt sich also, auch das stille Örtchen für die Gäste vorzubereiten.

Toilette für Gäste

- Ein sauberes Bad ist Voraussetzung; Abfalleimer leeren nicht vergessen.
- Alles, was herumsteht und der täglichen Hygiene dient, wegräumen.
- Duftkerzen und / oder ein Duftspray aufstellen. Nicht vergessen, die Kerze auch anzuzünden.
- Genügend Toilettenpapier bereitlegen, Seife nachfüllen.
- Eine Box mit Handcreme, Nagelfeile, Tampons, Zahnstochern usw. hinstellen.
- Dekorative Elemente wie Blumen passen auch ins Badezimmer.
- Werfe einen kurzen Kontrollblick in den Spiegelschrank – es gibt immer wieder Gäste, die im Badezimmer sehr neugierig sind.
- Entferne – wenn möglich – vor einem Kindergeburtstag den Schlüssel, damit sich keiner der kleinen Gäste einschliessen kann.

- Blick ins Badezimmer während des Abends: Es sollte eine Selbstverständlichkeit sein, dass die Gäste die Toilette so verlassen, wie sie vorgefunden wurde, aber Kontrolle ist bekanntlich besser als Vertrauen.

Unterhaltung auf der Toilette?

Es gibt Menschen, die finden, dass Magazine und Bücher nicht auf eine Toilette gehören. Andere lieben es, wenn sie sehen, was die Gastgeber auf dem WC so lesen. Hast du Lesestoff im WC, ist es wichtig, dass die Magazine / Bücher passend präsentiert sind, nicht polarisieren und nicht abgenutzt daherkommen. In Buchhandlungen gibt es oft einen Bereich mit dem Titel WC-Lektüre. Es lohnt sich, einen Blick in diese witzigen kleinen Büchlein mit kurzen Geschichten, Wissenswertem oder Lebenstipps zu werfen. Zudem kannst du als Gastgeber natürlich auch ganz subtil auf gewisse Themen anspielen. Platzierst du ein Magazin zum Thema Surfen oder Australien, besteht die Möglichkeit, dass der WC-Gänger das Thema am Tisch wieder aufnimmt – und schon kannst du von deinen Leidenschaften erzählen. Auch ein Gästebuch kann bereichernd

sein. Hast du eine kleine Ablage im Bad? Dann kannst du dort ein solches platzieren, zusammen mit einem schönen Stift. Schaut niemand zu, schreiben Gäste gerne liebe Grüsse an die Gastgeber hinein.

Gastgeberei-Tipp

GUT BETUCHT

Schöne Handtücher kosten kein Vermögen. Daher empfehlen wir: gleiche Tücher, gleiche Farbe. Falls du Duschtücher hast, die mit Sponsorenlogos versehen und nicht einheitlich sind, dann ist dies im Alltag natürlich völlig okay. Wenn allerdings Gäste kommen und das private Bad als WC benutzen, sollte für diese ein frisches Gästetuch aufgehängt werden. Gäste wissen oft nicht, welches Tuch für sie bestimmt ist, deshalb dieses so platzieren, dass man weiss, welches Tuch man verwenden darf. Notfalls anschreiben oder die Duschtücher wegräumen.

Gastgeberei-Tipp

GÄSTETÜCHER

Möchtest du richtig punkten? Dann besorg dir kleine Gästetücher – in der Alltagssprache sind dies Waschlappen im Format von 30 × 30 cm. Kaufe so viele, dass es genügend hat, wenn Gäste zwei- bis dreimal die Toilette aufsuchen, und platziere sie auf einer schönen Kommode oder Ablage neben dem Lavabo. Dazu ein Gefäss oder einen Korb für die benutzten Tücher hinstellen. Um die Hemmschwelle bei den Gästen zu senken, benutzt du vorher selbst ein Tuch und legst es in den Korb – so ist auch klar, wohin die Tücher nach dem Händewaschen wandern.

Ankunft

FÜNFTER AKT

Und nun sind sie da, unsere Gäste. Wir begrüssen alle persönlich, das ist uns sehr wichtig. Auch dass uns beim 9×9 alle duzen – schliesslich soll sich jeder wie bei Freunden zu Hause fühlen. Wir nehmen die Jacken ab und sorgen dafür, dass alle ein Glas des Apérogetränks in der Hand haben und die passenden Häppchen dazu herumgereicht werden. Nun überlassen wir die Gäste ihren Gesprächen und kümmern uns um die nächsten Ankömmlinge. Auch die letzten lassen wir in aller Ruhe ankommen und den Apéro geniessen, bevor wir uns Aufmerksamkeit verschaffen, um eine kurze Ansprache zu halten. Darin erzählen wir, wie die Idee für 9×9 zustande gekommen ist, was es mit der Lokalität auf sich hat, was die Gäste heute erwartet und auf wessen Unterstützung wir zählen dürfen. Unsere Worte kommen spontan rüber – das sagen uns zumindest die Gäste –, aber ganz so spontan sind sie nicht. Damit in unserer Ansprache nichts vergessen geht, machen wir uns im Vorfeld Gedanken über das, was wir sagen wollen.

BEGRÜSSUNG

Gleich stehen die Gäste vor der Tür. Zu diesem Zeitpunkt stehen die Häppchen und die Gläser für das Getränk schon bereit. Ideal ist, wenn du vorher noch Zeit für eine Dusche und eine frische Garderobe hast. Oft reicht es dafür aber nicht mehr. Dennoch solltest du dir wenigstens kurz Zeit nehmen, die Hände zu waschen, die Frisur zu richten und einen Kontrollblick in den Spiegel zu werfen. Die Gäste erwarten für gewöhnlich keine perfekt gestylten Gastgeber. Immerhin übt man an diesem Abend ja ein Handwerk aus und steht in einer «Werkstatt». Doch sie schätzen es bestimmt, wenn du die Schürze zur Begrüssung ausziehst und dich offensichtlich bemüht hast, hübsch daherzukommen.

Steht der Gast dann einmal an der Türe, wird er herzlich begrüsst und ihm wird die Jacke bzw. der Mantel abgenommen.

In gewissen Situationen – zum Beispiel bei grösseren Abendessen oder bei Partys – kann das Thema Garderobe etwas heikel sein. Obwohl die meisten keine Angst haben, dass ihnen die Jacke gestohlen werden könnte, lassen viele ihre Wertsachen nicht gerne unbeaufsichtigt stehen. Deshalb solltest du den Kleiderständer so platzieren, dass die Jacken für alle gut sichtbar oder an einem sicheren Ort verstaut sind.

Was oft ganz ohne Absicht einen neuen Besitzer findet, sind Regenschirme. Man nehme daher als Gast am besten einen auffälligen, farbigen Schirm mit an die Party. Damit läuft garantiert niemand aus Versehen raus. Am schlechtesten schneiden jeweils die Besitzer von schwarzen «Knirpsen» ab. Die Gefahr, dass man nicht seinen eigenen mit nach Hause nimmt, ist da besonders gross.

Gastgeberei-Tipp

SCHIRM ZU JACKE

Den nassen Schirm in einen Plastiksack legen und diesen zur Jacke hängen. So wird die Jacke nicht nass, und man hat am Ende des Abends noch seinen eigenen Schirm. Kleine Plastiksäcke dafür aufbewahren und wiederverwenden – das ist auch aus ökologischer Sicht sinnvoll.

Was tun, wenn die Gäste zu früh kommen?

Geht man zu den besten Freunden, ist zu früh zu kommen, sicherlich weniger schlimm, als wenn man in einer gehobenen Gesellschaft eingeladen ist. Dennoch läuft man lieber nochmal um den Block herum, um sich die Zeit zu vertreiben. Auch wenn sich wohl jeder Gastgeber wünscht, eine halbe Stunde vor Beginn der Einladung fertig zu sein – den wenigsten gelingt dies auch tatsächlich.

Ein charmanter Gastgeber überspielt gegenüber zu früh kommenden Gästen seine Überraschung, platziert sie souverän auf dem Sofa oder auf dem Balkon, bringt einen Aperitif, sagt, dass er gleich so weit sei und verschwindet wieder in der Küche. Als Gast darf man in dieser Situation nicht erwarten, dass der Gastgeber einem seine volle Aufmerksamkeit schenken wird.

In einem lockeren Rahmen kannst du zu früh eintreffenden Gästen auch einfache Aufgaben zuteilen – zum Beispiel das Apérogebäck fertig anzurichten oder aus der Küche zu tragen. Gleichzeitig darfst du als Gastgeber aber nicht erwarten, dass der Gast hilft; schliesslich ist er eingeladen und darf sich einfach nur verwöhnen lassen, auch wenn er zu früh kommt.

Und zu spät?

Einige Minuten Verspätung sind völlig okay. Doch wir sprechen wirklich nur von einigen Minuten. Kommen Gäste massiv zu spät, kann dies einen ganzen Abend ruinieren. Verspätungen von mehr als zehn Minuten sollten daher dem Gastgeber mitgeteilt werden. Kurz anrufen oder eine SMS senden, dass man sich verspätet – schon ist die Situation entschärft, und der Gastgeber kann wenn nötig reagieren und den Herd nochmals runterschalten.

Zudem kennst du als Gastgeber deine Gäste ja gut genug. Bei einigen darf man bestimmt schon im Voraus die obligate akademische Viertelstunde einberechnen. Es ist in jedem Fall zu empfehlen, einen Aperitif von mehr als einer halben Stunde einzuplanen. Fehlen die Gäste dann immer noch, solltest du vor allem bei einer kleinen Runde den Gast kurz anrufen.

Was, wenn der Gast gar nicht kommt?

Meist klären sich die Gründe für ein Wegbleiben durch einen kurzen Anruf. Manchmal steckt tatsächlich etwas Ernstes dahinter – selten ist es aber so ernst, dass dadurch den anderen Gästen der gesellige Abend verdorben werden sollte. Es kann aber auch vorkommen, dass ein Gast den Abend schlicht vergesst oder andere Pläne für wichtiger befunden hat.

In allen Fällen gilt: Nun bloss nichts Falsches sagen! Ein guter Gastgeber verkneift sich negative Kommentare, teilt dem fernbleibenden Gast und den anderen Anwesenden nur sein Bedauern mit und bleibt ganz ruhig. Die überzähligen Gedecke werden vom Tisch genommen, und es wird darauf geachtet, dass keine Lücke entsteht. Ist ein Gast wegen eines persönlichen Notfalls nicht erschienen, solltest du als guter Gastgeber am nächsten Tag nachfragen, ob du in irgendeiner Form behilflich sein kannst.

GESCHENKE

Mit einem Geschenk drückt der Gast seine Wertschätzung gegenüber dem Gastgeber und der Einladung aus. Geschenke dürfen nicht zu teuer sein, sonst fühlt sich der Gastgeber verpflichtet, bei der Gegeneinladung etwas vergleichbar Teures mitzubringen, ausserdem sollte das Geschenk dem Anlass entsprechen. Beim Überreichen empfiehlt es sich, ganz kurz auszuführen, was es ist oder warum es mitgebracht wurde. Hierzulande ist es üblich, das Geschenk im Beisein des Schenkenden auszupacken, vorausgesetzt, die Situation lässt es zu. Geschenke bitte immer dankbar entgegennehmen und Freude zeigen – auch wenn sie dir nicht gefallen. Solche Geschenke haben das Potenzial, weitergeschenkt zu werden und heissen daher auch «Wanderpokale». Aber Achtung, man weiss nie, woher das Geschenk ursprünglich kam … Es ist deshalb oft sinnvoll, ein Geschenk zu machen, das «verbraucht» werden kann. Wer dem Gastgeber mit seinem Mitbringsel eine Freude machen will, muss so einiges beachten.

WEIN

Champagner oder eine Flasche guter Wein kommen fast immer gut an. Vorsicht ist geboten, wenn der Gastgeber ein ausgewiesener Weinkenner ist oder klare Präferenzen hat. Bevor man etwas Falsches kauft, schenkt man hier lieber etwas anderes. Nicht zu teuer und nicht zu günstig ist die Devise – am besten ein schöner Tropfen, zu dem man auch eine Geschichte zu erzählen hat.

Gastgeberei-Tipp

NAMEN DRAUF

Erhältst du eine Flasche als Geschenk, kannst du die Flasche mit einem beschreibbaren Klebeband oder Wandtafelstift mit dem Namen des Schenkenden anschreiben. So vermeidest du die Peinlichkeit, allenfalls genau diese Flasche weiterzuschenken oder aufzutischen, wenn die Gäste das nächste Mal eingeladen sind.

BLUMEN

Blumen sind ein beliebtes Geschenk und ein noch schöneres, wenn man die Lieblingsblumen der Gastgeber kennt. Frische Blumen vor dem Überreichen auspacken, es sei denn, sie sind dekorativ verpackt. Besonders aufmerksam ist es, wenn die passende Vase mitgeschenkt wird. Bei einer grossen Einladung ist es für den Gastgeber oft praktisch, die Blumen im Voraus und mit einer netten Nachricht versehen zu bekommen. So kann er in Ruhe die richtige Vase auswählen und erspart sich den Kauf frischer Blumen für die Dekoration. Wer unsicher ist und eine bleibende Freude hinterlassen möchte, kann auch eine Garten-/Topfpflanze mitbringen.

Gastgeberei-Tipp

EINSAM VERBLÜHT

Abklären, ob die Gastgeber gleich in die Ferien fahren. Es ist schade, wenn die Blumen in der Wohnung einsam zugrunde gehen.

SELBST GEMACHTES

Bist du als Gast selbst ein guter Koch und gerne kreativ, kann «Hausgemachtes» grosse Freude bereiten. Marmelade, Kekse, aromatisierte Salze oder Eingemachtes kommen fast immer gut an und sind darüber hinaus auch sehr persönliche Geschenke. Von den Kindern selbst Gebasteltes aber bitte nur, wenn du bei Verwandten, Götti oder Gastgebern mit engem Bezug zu den Kindern eingeladen bist.

ESSWAREN

Sorgfältig ausgewähltes Öl oder ein edler Essig, feine Pralinen oder ein Korb mit Spezialitäten kommen fast immer gut an. Hier gilt es allerdings feinfühlig abzuklären, ob der Gastgeber auf Diät ist, Allergien hat oder gewisse Lebensmittel grundsätzlich meidet. Idealerweise kauft man essbare Geschenke im Spezialitätenladen. Das demonstriert gegenüber dem Gastgeber eine gewisse Wertschätzung, und die Geschenke werden gleich im Laden schön verpackt.

BÜCHER

Ein gerade erschienener Bestseller ist oft eine gute Idee. Vorausgesetzt, man weiss, was der Gastgeber gerne liest. Auch Literatur zu einem Thema, das den Gastgeber gerade besonders interessiert, kann grosse Freude bereiten. Hier lohnt es sich allerdings, mit einer dem Gastgeber nahestehenden Person vorher abzuklären, ob das Buch nicht bereits in dessen Regal steht. WC-Lektüre ist eine humorvolle Geste, und man hat von Beginn an Gesprächsstoff, wenn beim Apéro die Gesellschaft gemeinsam im Büchlein blättert.

Gastgeberei-Tipp

AUGENZWINKERN

Als Geschenk für Gastgeber aus Leidenschaft empfiehlt sich das «9×9 der Gastgeberei», (ja, das Buch, das du gerade in der Hand hast), das augenzwinkernd mit den Worten «ich weiss, du bist ein hervorragender Gastgeber, aber vielleicht hast du ja Lust, dich inspirieren zu lassen» überreicht werden kann.

Gastgeberei-Tipp

QUALITÄT KAUFEN

Kaufe etwas Besonderes, das der Gastgeber sich sonst vielleicht nicht einfach so leisten würde, zum Beispiel eine Flasche alten Balsamico oder Pralinen vom besten Confiseur der Stadt.

Gastgeberei-Tipp

ZMORGESERVICE

Wie wäre es mit einem selbst gebackenen Zopf und hausgemachter Konfitüre für den Morgen danach?

Gastgeberei-Tipp

GESCHENKELAGER

Zu Hause ein kleines «Geschenkelager» horten: Du siehst ein tolles Geschenk und weisst, dass dies auch anderen gefallen könnte? Es gibt Geschenke, die immer passen, wie Olivenöl, Wein, ein hübscher Kerzenhalter oder ein Babyspielzeug – davon hortest du am besten gleich mehrere. Das Gleiche gilt übrigens für Karten: Geburtstags-, Glückwunsch-, Hochzeits-, Geburts- und Trauerkarten sowie allgemeintaugliche Motivkarten erlauben eine rasche und persönliche Reaktion per Post. Wer dann noch eine kleine Auswahl an Geschenkpapier und -band zu Hause hat, ist für alle Situationen gewappnet. Allerdings lohnt es sich dabei, im Auge zu behalten, wem man was bereits geschenkt hat.

Kein Geschenk – ein Tabu?

Kein Ratgeber empfiehlt diese Variante, und auch die meisten Menschen wagen es kaum, ohne Geschenk zu einer Einladung zu erscheinen. Doch wir finden: Wenn man in letzter Minute irgendein Geschenk kauft, nur damit etwas gekauft ist, ist das auch nicht wirklich sinnvoll. Gerade die Auswahl im Blumenladen kann fünf Minuten vor Ladenschluss erbärmlich sein. Und es lohnt sich auch grundsätzlich nicht, für etwas «Ungenügendes», das dem Gastgeber vielleicht gar keine Freude macht, Geld auszugeben.

Klar will man dem Gastgeber zeigen, dass man sich auf die Einladung freut und diese auch schätzt. Doch wenn du tatsächlich keine Zeit hattest, dich im Voraus um ein «anständiges» Geschenk zu kümmern, dann schickst du lieber am nächsten Tag einen schönen Strauss Blumen oder legst etwas Feines in den Briefkasten, um dich für den gelungenen Abend zu bedanken. Um allfällige Missverständnisse aus dem Weg zu räumen, solltest du deinem Dank mündlich Ausdruck verleihen, den Grund für das fehlende Geschenk andeuten (nicht entschuldigen, sondern positiv verkaufen!) und auf die ausstehende Überraschung hinweisen. Es gibt aber auch Gastgeber, die keine Geschenke erwarten oder explizit keine bekommen möchten – weil sie ohnehin schon alles haben und die Zeit der Gäste für sie das grösste Geschenk ist. Diese Einstellung sollte den Gästen im Voraus klar kommuniziert werden – und der Gast darf und soll dem Wunsch der Gastgeber folgen und mit leeren Händen zur Einladung kommen.

SCHUHE AUSZIEHEN?

Schuhe sind ein Dauerthema bei Einladungen. Trägt der Gastgeber welche, und was wird vom Gast erwartet? Erlebt haben die meisten wohl schon alle Varianten:

- Man darf die Schuhe anbehalten.
- Man wird gebeten, die Schuhe auszuziehen.
- Man wird aufgefordert, Hausschuhe mitzunehmen.
- Man hat Hausschuhe vom Gastgeber erhalten.

Laut Knigge ist klar: Gäste die Schuhe ausziehen zu lassen, ist nicht angebracht. Wir stimmen dieser Haltung grundsätzlich zu. Niemand fühlt sich wohl, wenn er in Socken, Strümpfen, barfuss oder in vom Gastgeber zur Verfügung gestellten Hausschuhen, die vielleicht schon früher verwendet wurden, den Abend verbringen muss. Die Schuhe gehören zum Outfit, und ohne sie wirkt dieses nur halb so elegant.

Diese Grundhaltung sollte der Gastgeber auch selbst haben. Auch wenn du zu Hause die meiste Zeit in Adiletten verbringst, solltest du, bevor der Gast kommt, dem Outfit entsprechende Schuhe anziehen. Es gibt auch Gäste, die ihre Schuhe ausziehen möchten oder selbst Hausschuhe mitnehmen. Als guter Gastgeber kannst du sie darauf hinweisen, dass sie die Schuhe gerne anbehalten dürfen. Die endgültige Entscheidung liegt aber beim Gast und wird nicht kommentiert.

Ausnahmen von der Regel gibt es immer. Wenn Kleinkinder im Wohnzimmer auf dem Boden herumkriechen oder es draussen in Strömen regnet und alle nasse Schuhe haben, darfst du deine Gäste selbstverständlich bitten, die Schuhe auszuziehen. Noch besser ist es, wenn die Situation bereits in der Einladung erläutert wird, damit die Gäste, wenn sie dies denn möchten, ihre eigenen Hausschuhe mitbringen können. Gastgeber mit einem empfindlichen Parkettboden dürfen auch im Vorfeld mit freundlichen Worten die weiblichen Gäste darauf hinweisen, doch bitte keine Stilettos zu tragen.

Gastgeberei-Tipp

FUSSCHECK

Als Gast immer schöne Socken bzw. Strümpfe ohne Löcher anziehen und, falls die Schuhe barfuss getragen werden, die Füsse pflegen für den Fall, dass die Schuhe ausgezogen werden.

HAUSFÜHRUNG

Wenn du Gäste bei dir zu Hause empfängst, ist das noch lange keine Verpflichtung, dein Privatleben auf dem Serviertablett zu präsentieren. Dennoch ist die Einladung für den Gast eine wunderbare Gelegenheit, dich als Gastgeber besser kennenzulernen und etwas über dich zu erfahren. Deshalb ist die berühmte Hausführung nicht nur ein oberflächliches Ritual, ihr kommt eine weit tiefere Bedeutung zu. Sie ist Symbol für die Öffnung gegenüber dem Gast und ein Vertrauensbeweis.

Lädst du zur Hauseinweihung ein, ist eine ausgiebige Führung durch die neue Wohnung Pflicht. Ist es allerdings nur der erste Besuch eines Gastes in deinem Haus, liegen die Zahl der besichtigten Räume und die Dauer der Führung ganz in deinem Ermessen. Als Faustregel gilt: Die öffentlichen Räume wie Wohnzimmer und Küche zeigt man bereitwillig her, private Räume wie Schlafzimmer und Büro nur bei offensichtlichem Interesse des Gastes.

GÄSTE VORSTELLEN

Als guter Gastgeber sorgst du von Anfang an für lockere Stimmung. Dazu gehört auch, peinliche Momente zu vermeiden und Gäste korrekt in die Gesellschaft einzuführen.

Es ist deine Pflicht als Gastgeber, dass du die Gäste einander vorstellst. Als Grundregel gilt: Zuerst wird der Mann der Frau beziehungsweise zuerst die jüngere Person der älteren vorgestellt. Wichtiger, als strikt nach Regeln zu handeln, ist aber, auf dein Feingefühl zu achten. Spontan und an die Situation angepasst kann wenig schiefgehen. Neben den jeweiligen Namen darfst du auch ein paar weitere relevante Details zu den Personen oder eine Gemeinsamkeit wie Kinder im gleichen Alter, gleiches Hobby usw. erwähnen – dies ist ein guter Einstieg für das Gespräch zwischen den Gästen. Wichtig ist, dass die anderen Gäste rasch einen Bezug zum vorgestellten Gast bekommen; dies vereinfacht auch später das Gespräch am Tisch. Es ist selbstverständlich, dass weder Peinlichkeiten noch zu persönliche Details angesprochen werden.

Manchmal haben Gäste schon wenige Sekunden nach dem Vorstellen die Namen der anderen wieder vergessen. Als achtsamer Gastgeber kannst du beim Apéro den einen oder andern Namen nochmals dezent ins Gespräch einbinden.

Damit dir selbst kein Name entfällt, studierst du idealerweise als Gastgeber vorher die Gästeliste inklusive Namen der Begleitpersonen, um peinliche Situationen bereits vorgängig zu vermeiden. Sollte dir jedoch ein Name plötzlich partout nicht einfallen wollen, musst du dich dafür nicht schämen und darfst, sofern man sich noch nicht so gut kennt, höflich nachfragen. Ein guter Trick ist, zuerst eine Person vorzustellen, deren Namen man weiss, und sich dann dem «Unbekannten» zuzuwenden, der sich daraufhin selbst vorstellt. Dies funktioniert, braucht allerdings etwas Übung.

Im privaten Rahmen ist es normal, dass die Gäste sich duzen. Wenn man aber eine Einladung unter Geschäftspartnern plant, bei der die Gäste sich noch nicht kennen und im geschäftlichen Rahmen per Sie wären, muss man Vorsicht walten lassen und warten, bis der Ranghöchste das Du anbietet.

Gastgeberei-Tipp

SMALL TALK

Will die Unterhaltung nicht in Schwung kommen, lancierst du selbst ein unverfängliches Thema, von dem du weisst, dass es Gesprächsstoff bietet.

GESPRÄCHE

Als Gastgeber bist du den ganzen Abend in deiner Rolle – ob es nun darum geht, aufmerksam etwas weiterzureichen, den Weg zur Toilette zu zeigen oder eben das Gespräch am Laufen zu halten.

Es gibt Gastgeber, die per se gute Unterhalter sind und immer für eine unkomplizierte, witzige Stimmung sorgen. Es gibt aber auch die scheuen, zurückhaltenden Gastgeber, die genau vor diesem Moment Angst haben. Was tun, wenn kein Gespräch entsteht oder die Unterhaltung beim unverbindlichen Small Talk stecken bleibt?

Gesprächsthemen
Ideal ist es, Geschichten zur Verbindung zwischen dir und deinen Gästen zu erzählen und gemeinsame Erinnerungen aufleben zu lassen.

Weiter sind folgende Themen passend:
· Sport
· Kultur
· Urlaub
· Essen und Trinken
· Hobby
· Beruf
· Kinder
· gemeinsame Erlebnisse

Es gibt aber auch Themen, die man lieber beiseitelässt. Dazu gehören:
· Krankheit
· Geld
· Politik
· Religion
· Ehekrisen
· Trauer
· Intimes

Je nachdem, wer am Tisch sitzt, wählst du als guter Gastgeber die Gesprächsthemen mit viel Fingerspitzengefühl aus und lenkst, wenn nötig, auch einmal von einem unangenehmen Thema ab. Auch Grundsatzdebatten über das Militär, den Vegetarismus oder andere «-ismen» sollten besser vermieden werden.

Eltern, die nur von ihren Kindern reden, sind für kinderlose Paare eher langweilig, Golfer, die nur von den Golfferien und den letzten Birdies und Pars sprechen, für Tennisspieler ein Graus. Eine Schwangere hat vielleicht im Moment nur ein Thema – in einer Gruppe mit Paaren, bei denen sich der Kinderwunsch nicht erfüllt hat, sollte sie ihr Glück aber im Stillen geniessen. Oft hört man, Gespräche über das Wetter seien zu oberflächlich und sollten vermieden werden. Eigentlich ja, aber

wenn es draussen richtig fest schneit oder der Keller gerade unter Wasser steht, weil es so stark geregnet hat, ist es mehr als legitim, darüber zu reden.

So verhältst du dich im Gespräch wie ein guter Gastgeber:
· Positiv sein und Komplimente machen – das wirkt auf die Gäste sympathisch.
· Nicht lästern. Wenn man sich über andere Menschen auslässt, kann das ungeahnte Folgen haben, denn man weiss nie genau, wer mit wem verwandt oder befreundet ist.
· Fragen stellen und Interesse zeigen.
· Bist du in einem Gebiet kein Fachmann, solltest du dich auch nicht als einer ausgeben.
· Themen zu vernetzen und Assoziationsketten zu bilden, hilft, ein Gespräch am Laufen zu halten: Garten – eigenes Gemüse – Urban Gardening – New York – die letzten Ferien – eine tolle Ausstellung – Künstler …
· Unterbrich dein Gegenüber nicht und lass es seine Sätze beenden. Gute Zuhörer werden mindestens genauso geschätzt wie begnadete Erzähler.

APÉRO

GETRÄNKE

Der Apéro ist der kulinarische Auftakt der Einladung und die Einstimmung auf das, was später am Tisch folgen wird. Er sollte daher auch thematisch in das anschliessende Menu eingebettet sein. Gute Gastgeberei zeichnet sich dadurch aus, dass ein aufwendig selbst gekochtes Menu nicht mit dem banalen Aufreissen einer Chipspackung beginnt. Bei der Wahl der Getränke empfiehlt es sich, auf die Vorlieben der Gäste Rücksicht zu nehmen. Von einer alkoholfreien Bowle über ein schönes Glas Schaumwein bis hin zu einem ausgeklügelten Mixgetränk ist alles möglich.

Zu wenig Sitzplätze auf dem Sofa?
Zum Apéro muss man sich nicht unbedingt setzen. Gerade bei einer offenen Küche stehen die Gäste gerne in der Nähe der Kochinsel, während der Gastgeber letzte Vorbereitungen trifft. Dennoch hast du als guter Gastgeber immer eine Sitzgelegenheit in der Hinterhand – für ältere und müde Gäste oder Damen auf High Heels. Gibt die Wohnungseinrichtung nicht genug her, ist Kreativität gefragt: Sitzkissen auf dem Fenstersims oder Hocker, die sich nach der Einladung wieder im Keller verstauen lassen, laden auch bei begrenzten Platzverhältnissen zum Plaudern im Sitzen ein.

Ein guter Gastgeber gibt eine Apéroempfehlung ab. Besonders schön ist es, wenn die Zutaten des Getränks kurz erklärt werden, damit der Gast entscheiden kann, ob ihm der Vorschlag gefällt. Unbedingt auch ein alkoholfreies Getränk anbieten, damit der Gast ganz unauffällig dieses als eine von verschiedenen Varianten wählen kann und nicht danach fragen muss.

Es empfiehlt sich, die Gläser erst dann zu füllen, wenn die Gäste ihre Wahl getroffen haben. Es wäre doch schade, wenn der Drink flach statt prickelnd ist oder lauwarm statt erfrischend kühl.

Ist es kein Glühweinapéro, so ist das ideale Apérogetränk

- erfrischend kühl und / oder sprudelnd
- leicht auch im Alkoholgehalt
- bitter, sauer (dies ist appetitanregend) oder fruchtig

Ach ja..
und Nachschenken nicht vergessen!

Gastgeberei-Tipp

INSPIRATION

Eine gelungene Einladung lebt von überraschenden Momenten, die in Erinnerung bleiben werden. Egal, bei welchem Akt – kreative Elemente kommen immer gut an und sind oft nicht so aufwendig, wie sie wirken. Deshalb ist eine qualitativ solide Basis an Produkten wichtig. Alles andere ist deiner Fantasie überlassen.

In den folgenden Akten findest du immer wieder sogenannte «Inspirationsdoppelseiten» zu den Themen Apérogetränk, -häppchen, Brot, Wasser, Käse, Dessert und Friandises. Diese sind dazu gedacht, dich zu inspirieren und dir neue Ideen zu geben. Sie sollen dich ermuntern, auch einfach mal etwas auzuprobieren, Neues zu kreieren und überraschend zu kombinieren.

SAFT

Kühlen und für die schöne Präsentation in eine Karaffe abfüllen.

LONGDRINK

Vier Zentiliter Likör / Spirituose auffüllen mit Saft / Softgetränk.

(SCHAUM)WEIN

Ein Deziliter Schaum- / Weisswein oder Rosé; Flasche im Eiskübel präsentiert.

HAUSAPÉRO

Zwei Zentiliter Sirup mit einem Deziliter Schaumwein oder Saft / Softgetränk.

UTENSILIEN

Wie Zange, Zestenreisser usw.

LIKÖR

Mit sorgfältig ausgewähltem oder selbst gemachtem Likör punkten.

DEKORATION

Verzierungen aus Früchten, Gemüse, Kräutern oder Gewürzen.

SIRUP

Selbst gemacht oder gekauft und hübsch präsentiert.

SPIRITUOSEN

Mit Gin, Campari, Vermouth, Aperol und Lillet lassen sich typische Apérodrinks zaubern.

OHNE ALKOHOL

Softgetränke, Säfte oder alkoholfreie Apéroalternativen.

COCKTAIL

Klassiker und kreative Varianten lassen sich nach Rezept oder frei erfunden mixen.

HÄPPCHEN

Sind alle mit Getränken versorgt, wendet sich die Aufmerksamkeit den Häppchen zu. Für deren Zubereitung musst du nicht unbedingt stundenlang in der Küche stehen. Aber einfach nur eine Tüte Erdnüsse aufzureissen, ist definitiv eine Verlegenheitslösung. Wie bei vielem liegt auch hier die beste Lösung irgendwo in der Mitte. Damit deine Gäste die möglicherweise aufwendig vorbereiteten Häppchen auch gebührend zu schätzen wissen, lohnt sich eine kurze Erklärung dazu. So ist auch gleich ein mögliches Gesprächsthema lanciert, und die zu Beginn etwas zurückhaltenden Gäste trauen sich nun zuzugreifen. Die Grösse eines Apéros hängt auch davon ab, wie gross das anschliessende Menu ausfällt. Die Gäste sollten sich nicht heisshungrig beim Apéro den Bauch vollschlagen und dann beim Menu passen. Deshalb heisst die Devise: grosszügig, aber nicht üppig.

Gastgeberei-Tipp

STÜCK FÜR STÜCK

Lieber noch Nachschub in der Küche bereithalten, als gleich alles bereitzustellen. Vielleicht kommt ein Gast etwas später und freut sich, wenn er doch noch von allem probieren kann.

ABLAGEFLÄCHE

Braucht es. Ob Tisch, Baumstrunk oder Terrassengeländer spielt keine Rolle. Wichtig ist nur, dass die Lebensmittel nicht unnötig der Sonne ausgesetzt und ausser Reichweite von Kindern und Tieren sind.

PRÄSENTATION

Es gilt die Devise: praktisch vor kunstvoll – Häppchen müssen einfach zu essen sein und entsprechend in eine angenehme Grösse gebracht werden. Für mundgerechte Portionen eignen sich Holzbretter, grosse Schalen und Etagèren. Für Gerichte im Miniformat, wie Tapas, Suppen usw., empfiehlt es sich, zu Gläschen, Löffeln und Schälchen zu greifen.

WERKZEUG

Weder die Hände der Gäste noch die Nahrungsmittel sollten schmutzig werden. Für Häppchen aus einer Schale muss das passende Werkzeug her. Es empfehlen sich:
- Sticks / Zahnstocher für Rundes und Weiches wie Oliven
- Löffel für Kleines wie Nüsse und Flüssiges wie Saucen
- Messer für Pasten und Pasteten
- Zangen für Grösseres wie Gebäck und Gemüsesticks

Gastgeberei-Tipp

WANDERBLUMEN

Tischdeko vergessen? Die Blumen vom Esstisch können zuvor bereits den Apérotisch verschönern. Während die Gäste ins Gespräch vertieft zum Esstisch wechseln, merken sie nicht, wie die Vase unbeobachtet mitwandert.

Gastgeberei-Tipp

ALTE SCHALEN

Fehlt es im Haushalt an grossen Schalen oder verspielten Schälchen? Ein Blick in die Schränke auf der Suche nach Erbstücken oder ein Besuch im Brockenhaus wirken Wunder. Damit ist auch gleichzeitig ein unverfängliches Gesprächsthema gegeben.

Gastgeberei-Tipp

SERVIETTENPFLICHT

Für saubere Hände und das Abtupfen des Mundes sind kleine Servietten praktisch. Diese sind besonders dann nötig, wenn zum Apéro keine Teller gereicht werden.

BROTSCHEIBE

Getoastet mit Olivenöl; verschiedene grillierte, getrocknete oder eingelegte Zutaten wie Gemüse oder Käse, dazu Kräuter.

TATAR

Aus fein gehackten Zutaten wie Fleisch, Fisch oder Gemüse, roh oder gekocht; mit Gewürzen verfeinert.

AUFSTRICH / DIP

Zwei Teile Quark und einen Teil Crème fraîche nach Lust und Laune gewürzt und mit gehackten oder pürierten Komponenten ergänzt.

DÖRRFRUCHT

Umwickelt mit Fleisch- oder Gemüsestreifen; im Ofen grilliert oder in der Pfanne angebraten.

PESTO

Zutaten (zum Beispiel Nüsse, geriebenen Parmesan und Kräuter) mit Olivenöl gemixt, bis eine cremige Masse entsteht und nach Belieben abgeschmeckt; lässt sich vielseitig verwenden.

GEMÜSESTÄBE

Dekorativ geschnitten; zum Dippen.

BLÄTTERTEIG

Gefüllt, gerollt, gedreht, geschnitten oder bestreut, mit fast jeder Zutat möglich; mit Eigelb bestrichen für die goldbraune Farbe nach dem Backen.

ANTIPASTI

In Öl eingelegtes Gemüse, Käse, Fleisch, Fisch usw.; selbst gemacht oder gekauft.

NÜSSE

Mit Kräutern und/oder Gewürzen im Ofen geröstet.

VINAIGRETTE

Aus Öl und etwas Essig mit Kräutern, Zwiebeln und Gewürzen, zum Beispiel zum Tunken von gekochten Artischockenblättern.

ANSPRACHE

Sind alle Gäste einmal da, stellt sich oft die Frage, ob man sie offiziell begrüssen und eine Ansprache halten soll. Wir finden ja – sofern es zum Anlass und zu dir als Gastgeber passt.

Es ist immer schön, wenn es einen Einstieg gibt, einen Startschuss. Und es wird von vielen geschätzt, wenn der Gastgeber – ob im kleinen Rahmen oder bei einer grossen Einladung – persönliche Worte an seine Gäste richtet. Bei grossen Gruppen kann es schwierig sein, von allen gehört und gesehen zu werden. Es ist deshalb wichtig, wo du dich platzierst: nicht im Gegenlicht stehen oder den Gästen den Rücken zuwenden. Ist das aufgrund des Raumes nicht möglich, solltest du unbedingt abwechselnd mal in die eine und mal in die andere Richtung sprechen.

Gastgeberei-Tipp

ALLES GESAGT

Auch wenn die Worte locker daherkommen, macht ein guter Gastgeber sich im Vorfeld Gedanken und allenfalls sogar Notizen. Wäre doch schade, wenn im Redefluss plötzlich etwas Wichtiges vergessen ginge.

So kann deine Rede inhaltlich aufgebaut sein:

1. Hallo / Grüezi / Willkommen
2. Dank an die Gäste, dass sie der Einladung gefolgt sind
3. Grund für die Einladung
4. Thema des Abends
5. Was erwartet die Gäste / Ablauf
6. Dank an Koch / Helfer
7. Gäste zu Tisch bitten

Ob man im Rahmen der Ansprache die Gäste vorstellt oder nicht, ist immer wieder eine viel diskutierte Frage. Wir finden, dass es schön ist, wenn man weiss, wer die anderen Gäste sind und welchen Bezug sie zu den Gastgebern haben. Allerdings muss dies zum Anlass passen – in der Regel wird es ein festlicher sein.

Den einzelnen Gast stellst du entweder in der Einführungsrede vor, oder du wartest, bis das Amuse-Bouche serviert wurde.

Wichtig ist:
Niemanden vergessen und niemanden beleidigen. Fettnäpfchen lauern überall. Deshalb unbedingt auch dies vorbereiten. Auch wenn du ein guter Redner bist und spontan mit Worten punkten kannst – beim Vorstellen von Personen ist höchste Sensibilität gefordert.

Was, wenn ich Angst davor habe, eine Ansprache zu halten?
Es ist nicht allen gegeben, sich souverän vor eine grössere Anzahl Menschen zu stellen. Dies ist nicht weiter tragisch und darf auf keinen Fall die Freude an der Einladung trüben. Es geht vielen so, und du darfst gerne dazu stehen.

Es gibt drei Varianten:
· Du lässt die Ansprache sein und versuchst dafür, im Zweiergespräch möglichst viele Informationen zu platzieren.
· Du übst mit jeder Einladung und gewinnst jedes Mal an Erfahrung und Selbstbewusstsein.
· Du überlässt das Reden einer vertrauten Person, was insbesondere einem festlichen Anlass eine besondere Note geben kann, zum Beispiel wenn der Partner des Geburtstagskindes oder die Eltern der Brautleute die Ansprache übernehmen.

ÜBERLEITUNG – ZU TISCH

Es ist an der Zeit, die Gäste an den Tisch zu bitten. Sowohl bei der Ansprache als auch bei der Überleitung zu Tisch verschaffst du dir Gehör, indem du die Stimme hebst und um Aufmerksamkeit bittest. Hast du keine tragende Stimme, kannst du auch zwei Weingläser klingen lassen. Ein lockeres «Ihr dürft euch nun gerne an den Tisch setzen» oder «Das Essen ist bereit» mit gut hörbarer Stimme funktioniert immer.

Der richtige Moment, die Gäste zu Tisch zu bitten, ergibt sich oft ganz von selbst:

· Die Apérohäppchen sind bis auf den letzten Krümel aufgegessen, und die Gäste halten diskret Ausschau nach weiteren Köstlichkeiten.

· Das Apérogetränk neigt sich dem Ende zu, und die vorgekühlten Flaschen sind aufgebraucht.

· Das Gespräch gerät etwas ins Stocken, weil alle ungeduldig darauf warten, sich an den Tisch setzen zu dürfen.

· Oder aber … alle unterhalten sich angeregt beim Apéro, aber das Kartoffelgratin ist gerade am Verkochen. Dies am besten ganz ehrlich den Gästen mitteilen und sie bitten, sich an den Tisch zu setzen

Gastgeberei-Tipp

TIMING

Was die Dauer des Apéros betrifft, ist Feingefühl angesagt. Der Apéro nimmt auch die Funktion eines «Puffers» ein und erlaubt es, den Bogen zwischen den früh und den spät ankommenden Gästen zu spannen. Abhängig von der Ausdauer der Gäste, vom Gesprächsfluss und dem Braten im Ofen dauert er üblicherweise zwischen 30 und 60 Minuten.

SECHSTER AKT

———

Wir zeigen jedem persönlich, wo er sitzt, und stellen sicher, dass kein Durcheinander entsteht. Wenn uns etwas Passendes einfällt, lancieren wir auch gleich das Gespräch am Tisch.

Anders, als wenn man Gäste zu sich nach Hause einlädt, kennen wir die meisten unserer Gäste nicht. Die Tischordnung erfolgt aufgrund von Informationen, die wir bei der Reservation im Austausch mit den Gästen erhalten haben, und ein bisschen auch nach Gefühl. Trotzdem ist es schon passiert, dass wir zufällig Gäste, die Nachbarn sind, oder den Goldschmied und die Trägerin eines seiner Ringe nebeneinandergesetzt haben. Die vielleicht schönste Begegnung war jene zweier Pärchen, die sich am Tisch kennengelernt haben. Beim nächsten Besuch haben sie sich nämlich gleich zu viert angemeldet mit dem Kommentar: «Wir kommen mit unseren 9×9-Freunden!» Solche Geschichten lieben wir!

HINSETZEN

TISCHORDNUNG

Wer neben wem sitzt, ist eine der elementaren Entscheidungen des Abends. Eine durchdachte und harmonische Tischordnung beeinflusst den Verlauf der Gespräche und damit die Dynamik des Anlasses.

Früher wurde streng auf die Regeln der Sitzordnung geachtet, heute darfst du damit locker umgehen. Für einen gelungenen Abend im privaten Rahmen vertrauen wir auf die persönliche Erfahrung und empfehlen trotzdem, auf ein paar Grundregeln zu achten:

· Der Gastgeber hat die Aufgabe, den Gästen ihre Plätze zuzuweisen. Ohne Merkzettel wirkt es deutlich persönlicher. Bei grossen Gesellschaften gilt die Devise «sicher ist sicher».
· Nach Möglichkeit sollten Damen und Herren abwechselnd platziert werden. Ist ein Geschlecht in der Unterzahl, versuchst du, dieses möglichst symmetrisch zu platzieren.
· «Ehrengäste» sitzen neben den Gastgebern. Der männliche Ehrengast sitzt rechts neben der Gastgeberin, und der weibliche Ehrengast sitzt rechts neben dem Gastgeber.

· Ein Gastgeberpaar sollte nicht nebeneinander sitzen, da beide ab und zu in der Küche verschwinden. Dadurch würde ein grosses «Loch» entstehen.
· Paare werden nebeneinander oder vis-à-vis gesetzt, damit sie ab und zu ein Wort miteinander wechseln können. Das Auseinandersetzen von Paaren sollte vermieden werden, denn was als bereichernder Austausch gedacht ist, wird nicht von allen gleichermassen geschätzt.
· Entweder platzierst du jene Freunde und Pärchen beisammen, die sich gut kennen, oder du mischst die Runde auf, damit neue Bekanntschaften entstehen können. Ein guter Gastgeber achtet zudem auf Befindlichkeiten. Wenn zwei Gäste sich nicht besonders mögen, solltest du nicht versuchen, just an diesem Abend aus den beiden die besten Freunde zu machen, indem du sie zusammensetzt.
· Ausländische Gäste und solche, die sich in einer Fremdsprache sicherer fühlen, sollten nebeneinander gesetzt werden.

· Versuche, deine Gäste neben dem bestmöglichen Gesprächspartner für sie zu platzieren. Einen Jäger neben eine überzeugte Veganerin zu setzen, könnte zu Unstimmigkeiten führen.
· Sind Kinder eingeladen, empfiehlt es sich, einen Kindertisch zu planen.

Haben alle ihren Platz gefunden, signalisierst du, dass man sich setzen kann. Ganz klassisch setzen sich die Damen zuerst, damit der jeweilige «Tischherr» links von ihr den Stuhl dezent zurechtrücken kann. Für manche mag das etwas verstaubt wirken, aber es hat definitiv Stil und darf auch in unserer emanzipierten Gesellschaft praktiziert werden.

Damit allen Gästen bereits beim Herantreten an den Tisch klar ist, dass es eine Sitzordnung gibt und sich Cousin Peter nicht einfach frech auf den Ehrenplatz von Tante Vreni setzen darf, macht ein guter Gastgeber insbesondere bei grösseren Gesellschaften Tischkärtchen. Wer wo sitzt, verrät der Tischplan.

Gastgeberei-Tipp

ÜBERRASCHUNG

Die Gäste haben sich gesetzt, sie schauen die Tischde-
koration an und entdecken dann eine kleine Aufmerk-
samkeit. Ob ein Glückskeks, ein Gedicht, das unter dem
Glas versteckt ist, oder ein Hinweis für ein Rätsel – die
Gäste lieben es, unterhalten zu werden, und schon ist das
Gespräch lanciert.

In diesem Monat werden S...
Zuneigung zu spüren bekom...

Ihre Kommunikationsfähigkeit
ist nun besonders ausgeprägt.

SERVIETTE

Ob Gast oder Gastgeber – wie man die Serviette richtig nutzt, ist für beide relevant. Setzt du dich, gehört deine Aufmerksamkeit der Serviette. Sie ist ein Mundtuch, kein Brillentuch und kein Taschentuch. Sie dient einzig und allein dazu, die Lippen abzutupfen, bevor du zum Weinglas greifst, um an dessen Rand keine Fett- oder Essensreste zu hinterlassen. Du solltest es vermeiden, sie in den Hemdkragen oder die Knopfleiste zu stecken. Dies wirkt, als seist du nicht in der Lage, die Speisen ohne Malheur vom Teller in den Mund zu befördern.

Auf den Knien

1. Die Serviette dritteln (oder halbieren)
2. Oben und unten nach innen klappen
3. Auf den Schoss legen, sobald man Platz genommen hat
4. Der Falz liegt dabei oben
5. Innenseite der Serviette benützen
6. Den Mund abtupfen

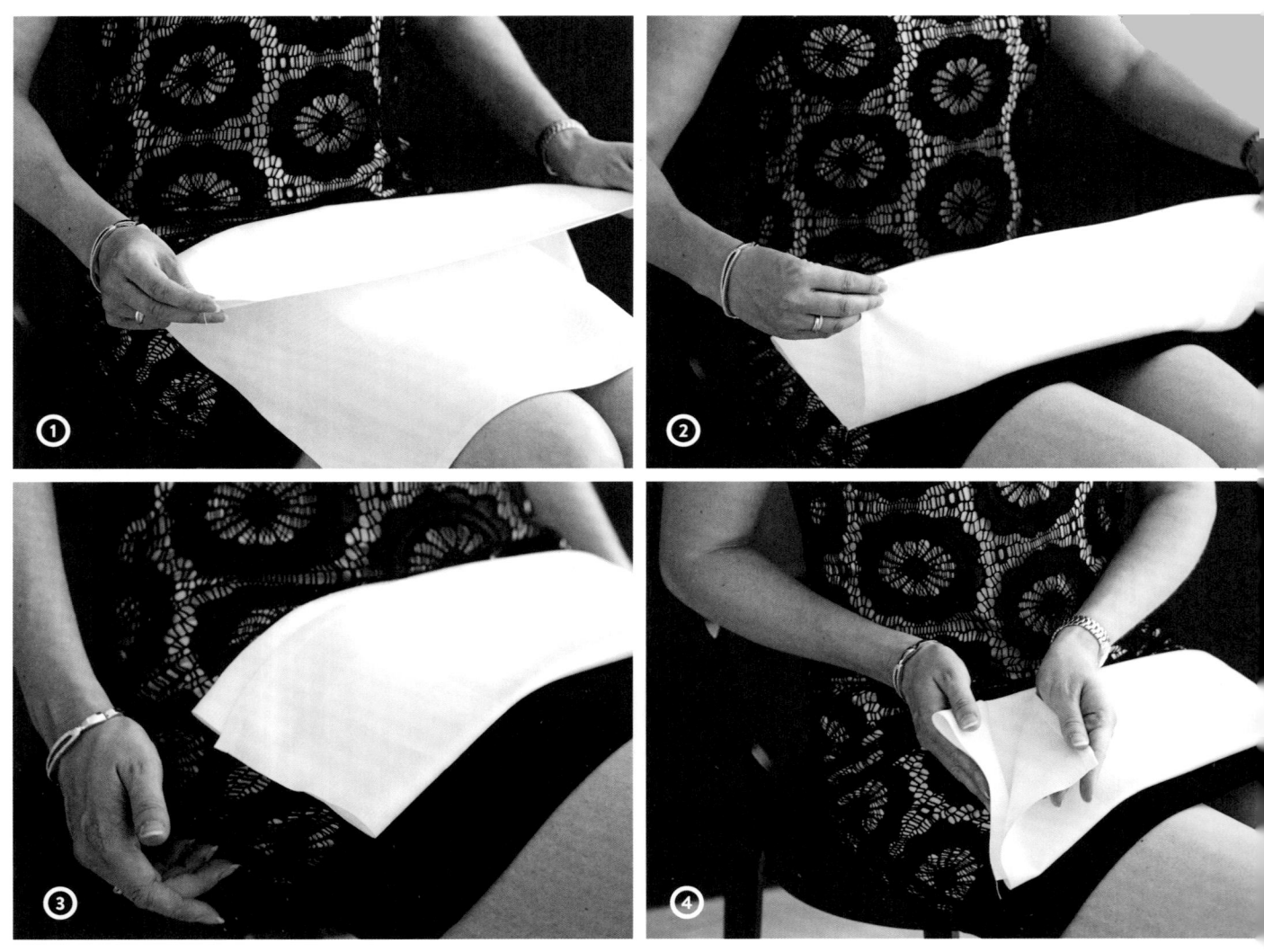

7. Die Essensrückstände werden so gekonnt in der Serviette versteckt
8. Von aussen ist nichts sichtbar

Auf dem Tisch

Verlässt du den Tisch während des Essens oder danach, gilt folgendes Vorgehen: Die Serviette wird gepflegt gefaltet und mit der saubersten Seite nach oben links neben den Teller gelegt. Erst dann aufstehen. Dies gilt auch für Papierservietten, die nicht zerknüllt auf den Teller gehören.

Auf dem Boden

Fällt eine Serviette auf den Boden, ist das aufmerksame Auge des Gastgebers gefragt. Diskret hebt er die Serviette auf und reicht dem Gast eine frische oder legt diese an seinen Platz.

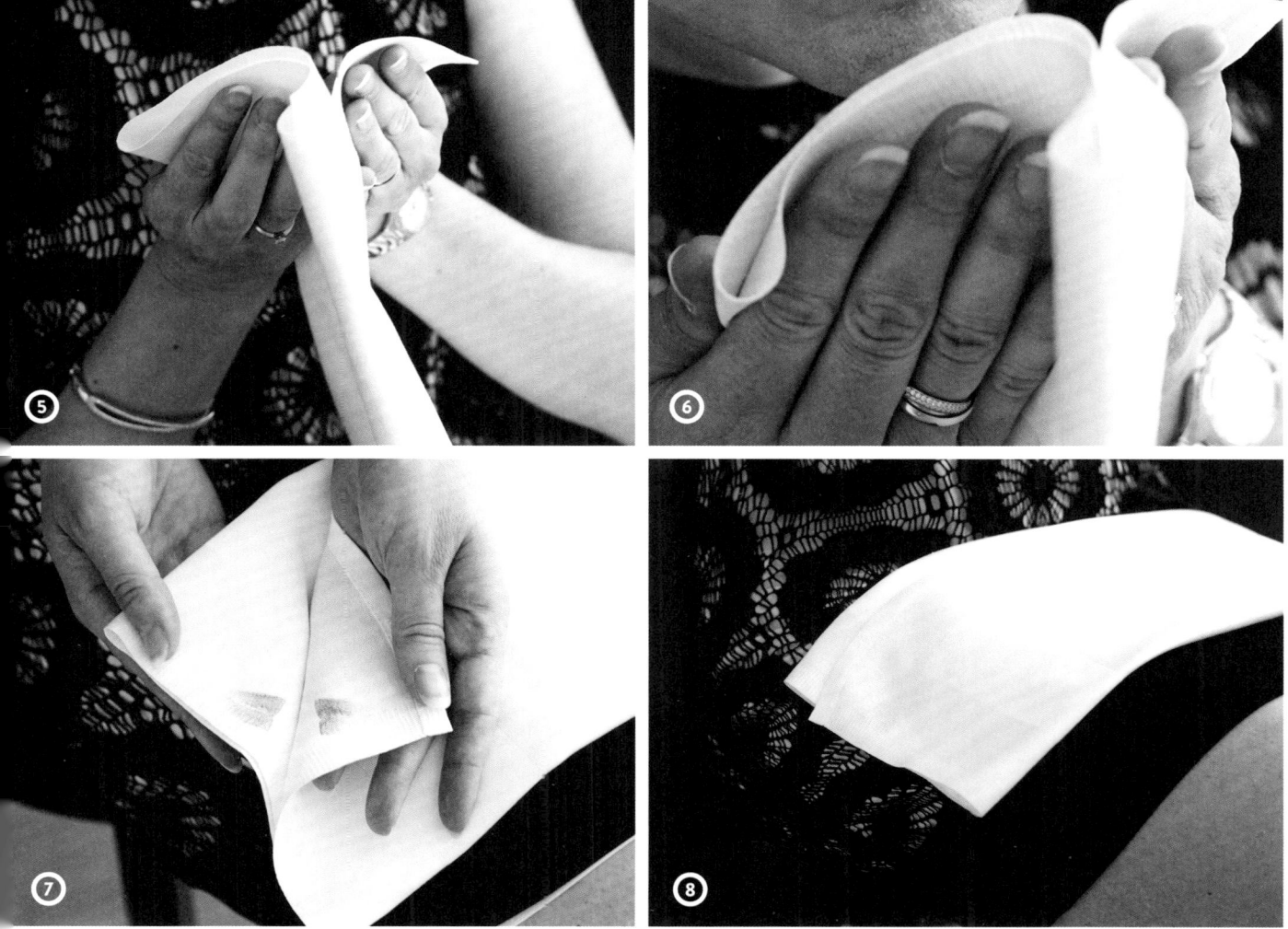

BROT

Während die Gäste auf die Vorspeise warten, dürfen sie mit Brot und dem passenden Begleiter ihren ersten Heisshunger stillen – aber auch wirklich nur den ersten!

Brot ist, clever kombiniert, ein Teil des Menus und kreativ inszeniert zugleich auch Teil der Tischdekoration.

LAIB UND BRÖTCHEN

Ein Brot in Scheiben oder kleine Brötchen in einem hübschen Korb passen immer. Unbedingt eine zusätzliche Stoffserviette für das Brot einplanen, die so gefaltet ist, dass das Brot frisch gehalten und zugedeckt werden kann.

KNUSPRIGES

Warum nicht einmal statt Brot Knuspergebäck anbieten? Dicke und dünne Grissini, Knäckebrot, grillierte Brotscheiben und Cracker sind eine schöne Alternative. Die Gäste können so mehrfach zugreifen und verschiedene Sachen probieren.

Gastgeberei-Tipp

DUFTENDES BROT

Auch frisch gekauftes Brot im Ofen während fünf bis zehn Minuten bei 100 °C aufbacken – das wirkt Wunder! Das Brot verströmt so seinen frischen Duft und wird noch knuspriger. Ist das Brot leicht angetrocknet, kannst du es mit etwas Wasser befeuchten und bei 180 °C in den Ofen schieben, bis es wieder knusprig ist. Der gleiche Effekt wird durch Aufbacken im Combi-Steamer erreicht.

Gastgeberei-Tipp

KREATIVER BROTKORB

Die Präsentation von Knuspergebäck muss stimmen. Am besten eine passende Glasvase oder Schale nehmen und damit einen weiteren Dekorationsakzent auf dem Tisch schaffen.

SELBSTGEBACKENES

Gastgeber mit Zeit und Musse können mit Selbstgebackenem gross auftrumpfen. Mit Hilfe von Backmischungen und Brotmaschinen ist dies auch bei einem eher knappen Zeitbudget kein Ding der Unmöglichkeit. Das Brot kann auch gut schon ein paar Tage vorher gebacken, eingefroren und für die Einladung aufgebacken werden.

Gastgeberei-Tipp

ZUM MITNEHMEN

Kleine Zöpfe oder Brötchen backen, welche die Gäste für das Frühstück am nächsten Morgen hübsch verpackt mit nach Hause nehmen dürfen.

MENGE

Zum Start ein bis zwei Scheiben oder Brötchen pro Gast bereitlegen. Es gilt die Regel: lieber nachschneiden als antrocknen lassen. Ausserdem sollen die Gäste ja nicht schon satt sein, bevor die Vorspeise kommt.

Gastgeberei-Tipp

GROSSE ESSER

Brot ist ein gutes Mittel, um die hungrigeren Mäuler am Tisch auch bestimmt sattzukriegen. Aus diesem Grund darf das Brot stehen bleiben, während die nächsten Gänge serviert werden, und wird erst mit dem Hauptgang abgeräumt.

Gastgeberei-Tipp

BROTTELLER

Die Szene wiederholt sich immer wieder bei Banketten am grossen runden Tisch und spielt sich in etwa so ab: Alle setzen sich, entdecken das duftende Brötchen, halbieren es, um es zu bestreichen, und beginnen freudig, es zu verzehren. In diesem Moment sind gemäss Tischknigge jedoch gleich drei Dinge schiefgelaufen:

1. Der Erste nimmt das Brötchen rechts, der daneben folgt seinem Beispiel, weil seines schon weg ist … Ups, es wäre das linke gewesen. Und da es einige richtig gemacht haben, geht es irgendwann nicht mehr auf, und jemand sitzt ohne Brot da.

2. Das Brötchen ist schon genossen, bevor die Vorspeise überhaupt in Sicht ist. Dabei sollte es eigentlich erst gegessen werden, wenn die Vorspeise serviert wird.

3. So mancher hat sein Brötchen in der Mitte aufgeschnitten und streicht seine beiden Hälften wie ein Butterbrot. Wer es dagegen richtig machen will, bricht kleine, mundgrosse Stücke vom Brot ab und bestreicht sie einzeln.

Wir finden, dass bei einem informellen Essen zu Hause das feine Brot mit dem Aufstrich auch gerne schon vor der Vorspeise genossen werden darf. Gegen ein schönes Brottellerchen oder -schälchen ist deshalb nichts einzuwenden. Das kann ein klassischer Brotteller mit einem Durchmesser von 15 bis 18 Zentimetern oder eine kreative Alternative wie ein Brettchen sein. Für die Butter oder den Aufstrich ein eigenes Messer zu haben, ist die Krönung, sonst tut es das Vorspeisenmesser aber auch. Ebenso schön ist es, wenn der Gast sein Öl in ein eigenes Schälchen giessen kann.

OLIVENÖL STATT BUTTER?

Beim Brotbegleiter ist es wie bei allem anderen auch: Er muss zum Menu und zu den Gästen passen. Gibt es ein Tatar mit Toast zur Vorspeise, dann ist Butter dazu einfach ein Muss. Sonst darf es aber auch Olivenöl sein; ein aromatisiertes oder ein klassisches. Dabei ist die Qualität entscheidend und «extra vergine» – nativ extra, die höchste Qualitätsstufe – zu bevorzugen. Durch die schonende Extrahierung (ohne Erhitzung und bei absolutem Ausschluss von Sauerstoff) entstehen Öle mit minimalem Säuregehalt und feinstem Geschmack, ohne Fehlaromen.

Bei der Auswahl des Öls sind ein paar Grundregeln zu beachten:

- Hochwertiges Olivenöl muss frisch und grasig-kräuterig riechen.
- Das Öl muss unbedingt filtriert / klar sein und «leuchten».
- Im Zweifelsfall durch den Verkäufer beraten lassen und wenn möglich probieren – der eigene Geschmack entscheidet.
- Die optimale Geschmacksrichtung wählen: Mildfruchtige Öle sind ideal zum Geniessen mit Brot und für die kalte Küche, mittel- und intensivfruchtige eher zum Kochen und Würzen.
- Nach dem Erntejahr fragen und nach der neuesten Ernte verlangen.
- Übrigens: Das teuerste Öl kann, muss aber nicht das Beste sein!

Gastgeberei-Tipp

GLEICHE HERKUNFT

Die Herkunft des Olivenöls mit derjenigen des Weins abstimmen. Was seine Wurzeln in der gleichen Erde hat, passt oft auch zusammen und nimmt den roten Faden auf.

AUFSTRICH

Frischkäse oder
Quark mit Geschmack
versehen und in
einem dekorativen
Gefäss oder mit dem
Spritzsack in Form
gebracht servieren.

BUTTER

Aufschlagen und
nach Belieben mit
Aroma und essbarer
Dekoration ergänzen.

ÖL

Wird gebraucht zum
Tunken von Brot – ne-
ben dem oft verwen-
deten Olivenöl sind
Nuss- oder Kernöle
Alternativen.

PARFÜMIERTES ÖL

Auch einfach zum
Selbermachen mit
Kräutern, Gewürzen
usw., welche zum
Servieren im Gefäss
dekorativ dazugelegt
werden.

ESSIG

Essig ist nicht gleich Essig: Aus Früchten gewonnen, mit Kräutern eingelegt, langsam gealtert oder wie hier als Aceto di Moscato, ist Essig mit oder ohne Öl eine tolle Beigabe.

FOCCACIA

Teig machen und verschiedenste Formen rollen. Ob als dünner Stängel, kreativ belegt oder als Laib, es variiert einzig die Backzeit.

KNÄCKEBROT

In der Vase präsentiert, nach unserem Grundrezept (Seite 215) hergestellt und nach Belieben mit Kernen, Kräutern und Gewürzen versehen.

SALZ UND PFEFFER

In einem dekorativen Gefäss, grobkörnig oder in der Mühle ergänzen Salz und Pfeffer das Gebäck und seine Beilagen.

WASSER

Wasser ist der älteste und beliebteste Durstlöscher der Welt. Aber Wasser ist nicht gleich Wasser. Es gibt grosse Unterschiede bei den Wasserarten, bei ihrer Herkunft und vor allem bei ihrer Qualität. Wenn du Wasser kaufst, dann entscheide bewusst, ob du Mineral-, Quell- oder Tafelwasser kaufen willst.

Mineralwasser

Natürliches Mineralwasser fliesst jahrzehntelang unterirdisch durch Gesteinsschichten und nimmt so die für die menschliche Gesundheit wertvollen Mineralstoffe aus dem Gestein auf. Es darf sich nur Wasser so nennen, das aus einer einzigen, anerkannten, unterirdischen Quelle stammt. Dieses Wasser muss einen gleichbleibenden Mineralgehalt und eine konstante Temperatur aufweisen. Weiter muss es frei von Mikroorganismen und Schadstoffen sein und am Ort der Quelle abgefüllt werden. Oft bedarf es jahrzehntelanger Kontrollen, bis ein Wasser sich Mineralwasser nennen darf.

Quellwasser

Für Quellwasser gibt es weniger Einschränkungen. Das Wasser muss zwar ebenfalls aus einer schadstofffreien, natürlichen Quelle kommen, aber nicht zwingend dort abgefüllt werden.

Tafelwasser

Hier handelt es sich um einen Mix aus diversen Quellen oder um Leitungswasser. Dieses kann aus einem See, aus einem Fluss oder von einem Gletscher stammen. Tafelwasser unterliegt weniger hohen Anforderungen.

Gastgeberei-Tipp

KÜHL-AKKU

Kleine PET-Flaschen mit gefrorenem Inhalt eignen sich hervorragend als Kühl-Akkus für unterwegs. Besonders praktisch: Einmal aufgetaut, ist das Getränk gleich kühl geniessbar. Kohlensäurehaltige Getränke verlieren zwar etwas an Sprudelkraft, können aber weiterhin bedenkenlos genossen werden.

Leitungswasser

Die Wasserqualität in der Schweiz ermöglicht es, das Wasser aus dem Wasserhahn ohne Bedenken zu trinken. Dies gilt auch für die Gäste; es ist also keine Schande, Leitungswasser in schönen Gefässen zu servieren oder mit Kohlensäure anzureichern.

Alkoholfreie Getränke

Gründe für den Verzicht auf Wein gibt es viele: religiöse und gesundheitliche, aber auch den ganz banalen, dass man noch mit dem Auto nach Hause fahren muss. Umso schöner ist es, wenn du als Gastgeber eine passende Alternative anbietest. Über einen hausgemachten Eistee, frisch gepressten Apfelsaft, herbstlichen Traubensaft oder ein alkoholfreies Bier freuen sich bestimmt nicht nur kategorische Abstinenzler.

Wasserservice

Sobald die Gäste am Tisch sitzen, beginnt der Wasserservice. So haben alle etwas im Glas, fühlen sich umsorgt und können den ersten Durst mit Wasser statt mit Wein löschen. Ob das Wasser beim Hinsetzen und während des Essens auf dem Tisch steht oder auf der Ablage daneben, hängt davon ab, wie aktiv du deine Servicerolle wahrnehmen möchtest. Für einen entspannten Abend, bei dem du als Gastgeber deine Zeit lieber den Gesprächen als der Bedienung widmen möchtest, kommen die Flaschen am besten auf den Tisch. Viel wichtiger ist, dass sie schön aussehen und immer mit gekühltem Wasser gefüllt sind. Je wertiger das Wasser präsentiert wird, desto lieber wird auch davon getrunken.

Gastgeberei-Tipp

AUFMERKSAMKEIT

Was in asiatischen Restaurants und bei vielen Airlines üblich ist und geschätzt wird, findet anderswo viel zu selten Anwendung. Wenn du deine Gäste überraschen möchtest, reichst du daher zum Auftakt am Tisch jedem Gast ein feuchtes Handtuch von einem hübschen Präsentierteller. Ist es draussen kühl, wirkt ein gewärmtes Handtuch Wunder. Ist dagegen eine Erfrischung willkommen, freuen sich die Gäste bestimmt über ein Feuchttuch aus dem Kühlschrank.

Aufmerksam nachschenken ist selbstverständlich erlaubt und besonders bei Gästen, die keinen Wein trinken, eine schöne Geste.

Wasser soll nicht nur den Durst löschen, sondern auch erfrischen. Die Karaffen deshalb erst kurz vor dem Service aus dem Kühlschrank nehmen und sicherstellen, dass das Wasser auch auf dem Tisch und im Glas kühl bleibt.

Wenn die Gäste lange bleiben sollen ...

Trinken hilft gegen Müdigkeit! Unser Flüssigkeitshaushalt hat einen entscheidenden Einfluss auf die geistige und körperliche Leistungsfähigkeit. Kaum verwunderlich, wenn man bedenkt dass unser Körper zu 75 Prozent und unser Gehirn gar zu 85 bis 90 Prozent aus Wasser besteht. Darum ist es wichtig, dass die Gäste genügend Wasser zu sich nehmen, um so einen möglichst langen Abend zu geniessen.

GLASFLASCHE

Beim Getränkehändler Glasflaschen kaufen. Diese sind dekorativ und können auf den Tisch gestellt werden.

PET

PET-Flaschen gehören nicht auf den Tisch. Inhalt in eine Karaffe umfüllen.

DEKORATION

Beeren, geschnittene Zitrusfrüchte, Kräuter und essbare Blüten als Farbtupfer ins Wasser geben.

EISWÜRFEL

Bunte Eiswürfel mit
eingefrorenen Früchten
oder Kräutern machen.

KARAFFE

Einen Krug aus
Porzellan, Ton oder
ein anderes kreatives
Gefäss – egal ob
Erbstück oder
Designobjekt – als
Karaffe benutzen.

GLASFLASCHE

Eine Wein- oder
sonstige Glasflasche
umfunktionieren
und als Wasser-
gefäss verwenden.

WEIN

Bevor der erste Gang serviert wird, wird der sorgfältig ausgesuchte und richtig temperierte Wein den Gästen präsentiert. Ein guter Gastgeber schenkt nicht einfach ein, sondern liefert einen echten Service und «verkauft» dabei dezent den gewählten Wein. Wichtig ist: Es muss zur Situation passen und locker wirken. Jetzt ist der Moment gekommen, um den Gästen zu erzählen:

· welchen Wein du ausgewählt hast
· was davon geschmacklich erwartet werden darf
· weshalb du das Gefühl hast, dass er zu den Speisen passt

Wichtig bei den Ausführungen (je nach Interesse der Gäste kürzer oder ausführlicher) ist:

· sachlich und objektiv erklären
· kompakt und spannend erzählen
· die Informationen in eine kleine Geschichte verpacken: in welchen Ferien der Wein gekauft wurde / warum du ihn kennst / was du über die Entstehungsgeschichte weisst usw.

Dazu gibt es einige Handgriffe und Kniffe, die leicht erlernbar sind. Mit etwas Übung wird so jeder Gastgeber auch ein bisschen zum Sommelier.

Wein braucht Luft

Damit sich die Aromen entfalten können und vor allem bei jungen Weinen die harten Tannine milder daherkommen, braucht der Wein Luft. Es ist üblich, die Flasche einige Stunden vor dem Servieren zu öffnen, um den Wein atmen zu lassen. Dies ist aber nicht zwingend nötig, da durch den schmalen Flaschenhals ohnehin nur wenig Sauerstoff zum Wein gelangt.

Wir finden, dass ein guter Gastgeber den Wein ruhig vor den Augen seiner Gäste öffnen darf. Deshalb kann dies mit gutem Gewissen auch erst am Tisch gemacht werden. Wichtiger als die Luftzufuhr im Vorfeld ist nämlich, dass der Wein im Glas mit grossen, runden Handbewegungen zwei-, dreimal sanft geschwenkt wird. So bekommt der Wein schonend den nötigen Sauerstoff. Gut temperiert kann er nun seine volle Wirkung direkt im Glas entfalten.

Korken sitzt fest

Wenn sich der Korken nicht herausziehen lässt, hilft Wärme. Den Flaschenhals fünf Sekunden über eine Kerzenflamme halten und kontinuierlich drehen. Dadurch wird der Korken geschmeidiger, und der Flaschenhals weitet sich minimal. Es funktioniert immer noch nicht? Dann den Prozess wiederholen, bis es klappt.

Korken bricht ab

Jetzt heisst es Ruhe bewahren und die Flasche in helles Gegenlicht halten, um die Lage zu beurteilen. Der Korkenzieher wird erneut so schräg wie möglich, vorsichtig und ohne zu viel Druck in den Zapfen gedreht. Mit etwas Geschicklichkeit und Fingerspitzengefühl lässt sich der Korkenrest so herausziehen. Wenn nicht, bleibt nur die Möglichkeit, ihn mit einer Pinzette herauszuziehen oder – zum Beispiel mit einem Messerstiel – in die Flasche zu drücken. Nun muss der Wein allerdings dekantiert werden. Wenn viele Korkenstücke im Wein schwimmen, ein Sieb zur Hilfe nehmen. Korkenbrüche sollten bei gut gelagertem Wein eigentlich nicht passieren.

Kein Korkenzieher vorhanden

In diesem Fall hilft der Gang zum Nachbarn. Am Lagerfeuer in der Wildnis bleibt dir dagegen nur die «abenteuerliche» Variante. Die Kapsel entfernen (notfalls mit einem scharfkantigen Stein anschneiden). Anschliessend einen festen Gegenstand wie den Schuh nehmen, die Flasche waagrecht halten und mehrfach – mit dem Schuh als Dämpfer – gefühlvoll mit dem Flaschenboden gegen eine stabile Fläche schlagen. Der Zapfen kommt langsam heraus. Das letzte Stück von Hand herausziehen.

1. Weisswein im Eiskübel. Das Tuch / die Serviette ist wichtig, um die Flasche zu trocknen. Rotwein steht auf einem Untersatz oder einer Serviette.

2. Flasche präsentieren. Die Hände so halten, dass man die Etikette sieht. Nun den Wein beschreiben. Die Geschichte drumherum «verkauft» den Wein.

3. Mit dem Messer bei stehender Flasche den Deckel anschneiden. Die Flasche bleibt ruhig stehen, damit der Gast die Etikette immer sieht.

4. Den Flaschenöffner in den Zapfen drehen. Den Korkenzieher möglichst gerade halten und hineindrehen, damit der Zug voll greift.

5. Den Zapfen herausdrehen. Mit Gefühl, damit der Zapfen nicht bricht.

6. Mit einer Serviette den Flaschenrand säubern. Etwaige Korkenrückstände entfernen, damit sie nicht im Wein landen.

7. Den Probeschluck von rund 2 bis 3 Centiliter einschenken. Ein Probeschluck ist kein ganzes Glas, aber genug, um auch etwas zu schmecken.

8. Die Person, die degustiert, riecht am Wein. Mit diesem Geruchstest wird geprüft, ob der Wein nach Korken riecht.

Gastgeberei-Tipp

ZAPFEN

Du hattest dich so auf den Wein gefreut, und nun hat er Zapfen? Die gute Nachricht: Händler sind verpflichtet diese Weine – sofern sie in der Schweiz abgefüllt wurden – innert eines Jahres nach Kauf zu ersetzen oder zu vergüten. Aber Achtung, die Flasche muss noch mindestens zu zwei Dritteln voll sein und mit dem Originalzapfen retourniert werden, also unbedingt den Wein mit einem Trichter zurückleeren. Gute Weinhandlungen bieten diesen Service auch bei ausländischen Weinen an.

DEKANTIEREN

Ältere und körperreiche Rotweine bilden nach einigen Jahren der Lagerung ein Depot. Weine werden also nicht nur dekantiert, weil ihnen so Sauerstoff zugeführt wird, sondern in erster Linie, um den Wein vom Bodensatz zu trennen. Es handelt sich dabei um eine natürliche Trübung, die durch eine schonende Filterung nicht aus dem Wein genommen wurde und sich mit der Zeit absetzt. Ein Depot ist also keineswegs ein Fehler, sondern ein Qualitätsmerkmal. Es ist wichtig, die Flasche ungefähr einen Tag vor dem Servieren aufrecht hinzustellen, damit sich die Schwebstoffe am Boden absetzen können. Damit die Trübung beim Servieren nicht wieder auftritt, wird der Wein vorher durch Dekantieren vom Depot getrennt. Dazu wird der Wein mit ruhiger Hand in eine Karaffe gegossen. Der Flaschenhals wird vor (nicht über!) eine brennende Kerze gehalten, damit erkennbar ist, ob die Trübung zunimmt, und das Dekantieren gestoppt werden kann, bevor der Satz in die Karaffe gelangt.

Weil das Ritual so schön ist, fragt sich natürlich so mancher, ob das auch mit jungen Weinen geht. Die Antwort ist: ja, insbesondere bei geschmacksintensiven Barrique-Weinen. Durch den Kontakt mit Sauerstoff können sich auch diese in der kurzen Zeit bereits wahrnehmbar entfalten. Hierbei muss man nicht so vorsichtig zu Werk gehen und kann sogar «sturzdekantieren» – den Wein also schwungvoll in die Karaffe giessen. Ziel ist es, dabei so viel Sauerstoff wie möglich zuzuführen.

Durch das Dekantieren erhalten Weine eine ganz besondere Aufmerksamkeit.

Gastgeberei-Tipp

WEIN ZUM HAUPTGANG

Der Rotwein zum bevorstehenden Hauptgang muss nicht erst kurz davor geöffnet werden. Nimm dir Zeit fürs Öffnen und Dekantieren vor den Gästen und widme dem feierlichen Akt die nötige Hingabe. Danach bleibt noch genügend Zeit übrig für das Anrichten des Hauptgangs. Fühlst du dich unsicher oder fehlt dir die Zeit für den Weinservice, ist es völlig legitim, wenn du die Weine bereits vor der Ankunft der Gäste öffnest.

DEGUSTIEREN

Du bist als Gastgeber nicht sicher, ob du einen Wein mit Korken erkennst? Ist jemand unter den Gästen Weinkenner, und würdest du ihm eine Freude machen, wenn er degustieren darf? Bei einer Einladung ist es eine schöne Geste der Wertschätzung, wenn dies der Gast machen darf.

Am einfachsten geht es, wenn du den grössten Weinfan unter den Gästen direkt fragst, ob er degustieren möchte. Während er nun am Glas riecht und degustiert, die Weinflasche zu ihm drehen, damit er das Etikett sehen kann.

Wenn sich allerdings unter den Gästen niemand anbietet, ist die Degustation Pflicht des Gastgebers. Entsteht beim Degustationsschluck in der Nase oder im Mund das ungute Gefühl, nicht den Wein, sondern den Korken zu schlucken, dann hat er Zapfen. Bist du unsicher, dann öffne sicherheitshalber eine zweite Flasche und vergleiche.

Passiert es dennoch, dass alle Gläser eingeschenkt sind und sich erst jetzt herausstellt, dass der Wein Zapfen hat, musst du dich auf keinen Fall schämen: Oft treten Oxidations- und Produktionsfehler nämlich erst einige Minuten nach der Verkostung in Erscheinung, denn erst bei längerem Kontakt mit Sauerstoff werden die geschmacklichen Schönheitsfehler deutlich erkennbar. Wichtig ist, dass nun alle Gläser dezent ausgetauscht werden. Wenn nicht genug Gläser vorhanden sind, um frische Gläser servieren zu können, gibt es zwei Varianten: In der lockeren Runde genügt es, den Wein wegzukippen. Elegant ist dann, wenn die Gläser zuerst mit einem Schluck Wasser gespült und anschliessend mit wenig frischem Wein geschwenkt werden, der danach ausgeleert wird. Ist es ein gehobener Anlass, so führt nichts am Abwaschen der Gläser vorbei.

Einschenken

1. Jedem Gast etwas weniger als 1 Deziliter einschenken. Eine Flasche enthält 7,5 Deziliter, sollte also für acht Personen reichen.

2. Der Reihe nach einschenken; beim Ehrengast beginnen und am Schluss demjenigen einschenken, der den Wein degustiert hat. Nach Knigge ist die Reihenfolge: Ladies first – älter vor jünger, danach die Herren – auch älter vor jünger. Denjenigen, der degustiert hat, nicht vergessen.

3. Flasche am Schluss des Einschenkens immer abdrehen, damit sie nicht tropft. Serviette jeweils als Tropfschutz bereit- und darunter halten, wenn du die Flasche vom Glas wegziehst.

4. Flasche in den Weinkübel oder auf einen Untersatz stellen, damit der Wein nicht auf den Tisch tropft. Die Weinserviette kann auch daruntergelegt werden. Notfalls falten, damit man die Weintropfen vom Einschenken nicht sieht.

5. Aufmerksam nachschenken, bevor das Glas leer ist. Dies ist der Grund, aus dem etwas weniger als 1 Deziliter eingeschenkt wird: Der Gastgeber kann seine Aufmerksamkeit unter Beweis stellen, indem er nachschenkt.

6. Ist die Flasche leer, wird eine neue geöffnet. Dezent degustieren (lassen). Damit lässt sich ausschliessen, dass fehlerhafter Wein mit dem Guten vermischt wird.

Zugegeben, ein solcher Weinservice mag etwas «formell» wirken. Aber warum nicht dem sorgfältig ausgewählten Wein diese Ehre zukommen lassen?

ANSTOSSEN

Der moderne Knigge rät, auf das Anstossen zu verzichten oder es auf besondere Anlässe zu beschränken. Was aber, wenn dir das Ritual gefällt und du Freude an klingenden Gläsern hast? Dann ist Anstossen natürlich erlaubt – aber unbedingt noch vor dem ersten Schluck Wein.

Der Gastgeber entscheidet, wann angestossen wird, und signalisiert dies mit dem Erheben des Glases. Dies ist auch der Moment, in dem er den offiziellen Start des Essens markiert und bei Bedarf nochmals das Wort an die Gäste richtet. Gläser mit Stiel werden dort auch gehalten, um den Wein nicht unnötig zu erwärmen und unschöne Fingerabdrücke zu vermeiden. Bei einer kleineren Tischrunde stösst Glas auf Glas, bei vielen Gästen heben alle das Glas auf Brusthöhe und prosten sich mit einer Geste symbolisch zu. Der Aberglaube will, dass sich die Arme beim Anstossen nicht kreuzen und man sich in die Augen schaut. Zudem ist es hierzulande üblich, dass der Name des Gegenübers beim Anstossen genannt wird – also bei der Vorstellungsrunde unbedingt gut aufpassen! Als Gastgeber kannst du die Gäste unterstützen, indem du selbst beim Anstossen die Namen deutlich und gut hörbar aussprichst. So können die anderen vielleicht einen Namen, den sie vergessen haben, doch noch aufschnappen.

Und wann?

Wir empfehlen: Weinservice machen, Speise servieren, den Gang erklären und bei dieser Gelegenheit auch gleich das Glas heben. Ob man dies bei jedem Gang oder jedem neuen Wein macht, ist dir als Gastgeber überlassen. Grundsätzlich empfehlen wir, dich auf den ersten Wein oder den Moment des Weinwechsels zu beschränken. Gibt es etwas zu feiern, wird aber sicher öfter angestossen.

Bier statt Wein

Es gibt Gerichte, zu denen Bier einfach besser passt, und nicht jedem Gast kann mit Wein eine Freude gemacht werden. So wird zu asiatischen Gerichten oft Bier gereicht, und das bayrische Frühstück wird erst mit Weisswurst und Bier richtig perfekt. Umso wichtiger ist es, als Gastgeber auch diesem Bedürfnis Rechnung tragen zu können und mindestens einige Flaschen Gerstensaft im Kühlschrank zu lagern.

Gerade Bier aus kleinen, unabhängigen Brauereien ist ein Liebhaberprodukt. So kann sich inzwischen auch der Biertrinker als Geniesser positionieren und seine Vorlieben zelebrieren. Allerdings braucht es etwas Überwindung, nach Bier zu fragen, wenn sich alle auf den Wein freuen. Du solltest daher vorsorglich erwähnen, dass auch Bier vorhanden ist, insbesondere wenn du weisst, dass du damit gewissen Gästen eine Freude machen kannst.

Ist das Bier Teil des Menüs, lohnt es sich, dieses genauso sorgfältig auszuwählen wie einen Wein. In spezialisierten Geschäften ist nicht nur die Auswahl beeindruckend, sondern es finden sich auch edle Gourmet-Biere, die in speziellen Flaschen präsentiert werden. Diese stehen punkto Erscheinung einem edlen Tropfen in nichts nach.

Abstinenten Gästen ein alkoholfreies Bier anzubieten, ist naheliegend. Aufgrund der verbesserten Rezeptur ist dieses inzwischen eine würdige Alternative zum alkoholischen Original.

Gastgeberei-Tipp

BIERDINNER

Wieso nicht das Bier zum Thema der Einladung machen? Ein Oktoberfest zu veranstalten oder unter dem Motto «Happy New Beer» ein Dinner mit Bier-Rezepten zu kreieren, macht Spass.

Gastgeberei-Tipp

WASSER WIE WEIN

Mit dem Wasserglas anzustossen gilt für viele als unpassend. Wir empfehlen deshalb, Abstinenzlern ihr nichtalkoholisches Getränk im Weinglas zu servieren und die anderen Gläser abzuräumen. So wird ganz elegant niemand ausgeschlossen oder in Erklärungsnot gebracht.

SIEBTER AKT

———

Alle sind fürs Erste mit Wasser und Wein versorgt, wir können uns also getrost dem Essen widmen. Nachdem wir bei unserem ersten 9×9-Dinner noch selbst am Herd standen, überlassen wir dies seither Profiköchen und schwingen nur noch im privaten Rahmen den Kochlöffel. Aber wir helfen nach wie vor sehr gerne beim Anrichten. Besonders wichtig ist uns, dass die Gäste wissen, was sie auf dem Teller haben. Es ist schön zu sehen, dass sie erfahren möchten, was es mit der Vorspeise auf sich hat oder was wir uns überlegt haben, als wir das Fleur de Sel zum Glace aus Fior di Latte kombiniert haben. Natürlich ist aber auch bei uns in 15 291 Akten nicht immer alles perfekt gelaufen. So ist einmal die Eismaschine ausgestiegen, kurz bevor die Gäste kamen. Da half nur der Ausflug zur Tankstelle, und aus einem Erdbeersorbet wurde plötzlich ein «cremiges Sorbet» – auf die Schnelle war nämlich nur Rahmglace erhältlich. Auch, als die Seezungenröllchen statt auf dem Teller auf dem Boden landeten, half nichts. Wir mussten den Gang ohne Röllchen servieren und den Gästen vom Missgeschick erzählen. Das Schönste dabei? Statt sich darüber zu ärgern, dass sie den Gang ohne den feinen Fisch geniessen mussten, lachten die Gäste mit uns über das Missgeschick. Humor und Ehrlichkeit sind eben wichtiger, als ein unfehlbarer Gastgeber zu sein.

TELLERSERVICE

Jetzt gehts los, das Menu rückt ins Zentrum des Geschehens. Wichtig ist, dass du dich nicht nur auf den Gang konzentrierst, den du gerade im Begriff bist zu servieren. Folgende Fragen können bei jedem Gang in die Küche durchgegangen werden:

- Gibt es etwas in einem der nächsten Gänge, wofür du den Ofen vorheizen oder Wasser aufkochen musst?
- Ist es an der Zeit, etwas in den Ofen zu schieben, oder musst du für etwas den Herd einschalten, damit es rechtzeitig gar ist?
- Musst du bei einem Gericht die Temperatur reduzieren, damit es nicht zu stark durchgekocht ist?
- Gibt es Produkte, die du aus dem Kühlschrank oder Tiefkühler nehmen musst, damit sie zum Zeitpunkt des Servierens die richtige Temperatur haben?

Dass nun in der Küche etwas Hektik entsteht, ist normal, das ist auch bei Profiköchen nicht anders. Insbesondere beim Hauptgang müssen viele Sachen parallel gemacht werden, während alles heiss bleiben soll. Und gleichzeitig gilt es die sorgfältig vorbereiteten Speisen so anzurichten, dass diese einerseits optisch ansprechend daherkommen, andererseits aber auch praktisch zu essen sind. Es macht also keinen Sinn, die einzelnen Komponenten so aufzutürmen, dass sie einer Skulptur gleichkommen, wenn sie schon beim Servieren in sich zusammenfallen oder wenn beim ersten Bissen dem Nachbarn die Sauce ins Gesicht spritzt.

Teller anrichten

Das Anrichten der Gerichte auf dem Teller folgt in der Gastronomie klar definierten und international anerkannten Regeln. Davon abgesehen darfst du als Gastgeber deiner Kreativität freien Lauf lassen.

1. Teller inklusive Anrichtgeschirr – wenn zum Beispiel ein Ausgusskännchen benutzt wird – im Ofen vorwärmen. Für kühle oder gefrorene Gerichte die Teller entsprechend kühlen.
2. Saubere Teller ausbreiten und so vor dich hinstellen, wie sie später auch vor dem Gast zu stehen kommen.
3. Grundsätzlich gilt: Der Tellerrand ist für den Service gedacht. Das Gericht wird in der Vertiefung angerichtet, um sicherzustellen, dass der fertige Teller gegriffen werden kann, ohne ins Gericht zu fassen.
4. Einen ersten Musterteller vollständig anrichten, damit allfällige Helfer genau wissen, wo was hinkommt. Ziel ist, dass jeder Teller genau gleich aussieht.
5. Fleisch / Fisch / Hauptkomponente zuschneiden (auf einem Brett mit scharfen Messer, nicht ins Fleisch stechen, gegen die Faser schneiden).
6. Die Hauptkomponente so anrichten, dass sie als solche erkennbar ist (ob in der Mitte oder auf einer Seite

WEINSERVICE

Zum nächsten Gang wird ein neuer Wein serviert? Dann vor dem Anrichten bereits den Wein einschenken. Es wäre schade, wenn alle vor den Tellern sitzen und warten müssen, bis sie etwas im Glas haben. Bis dahin ist nämlich alles, was heiss auf den Tisch gekommen ist, kalt und umgekehrt.

des Tellers spielt keine Rolle – es geht darum, das Auge zu lenken).

7. Speisen, die in Sauce geschmort werden, herausfischen, separat auf den Teller legen und erst im Anschluss massvoll mit Sauce übergiessen. Den Rest der Sauce in einem separaten Gefäss, idealerweise einer Sauciere, auf den Tisch stellen.

8. Einlagen für Suppen und heikle Komponenten, die zum Beispiel weich werden, erst ganz am Schluss ergänzen.

9. Für die Dekoration nur Essbares verwenden; grundsätzlich muss alles auf dem Teller geniessbar sein. Bei der Dekoration heisser / sehr kalter Gerichte darauf achten, dass sie nicht zu kompliziert ist, um das Gericht nicht leiden zu lassen.

10. Allfällige Spuren auf dem Tellerrand mit einem sauberen und feuchten Lappen oder Papier abwischen.

Servieren

Serviert wird in der gleichen Reihenfolge, wie der Wein eingeschenkt wird. Der Teller wird so eingedeckt, wie er stand, als er angerichtet wurde. Klassisch ist die Hauptkomponente am nächsten beim Gast, dies muss aber nicht sein. Viel wichtiger ist, dass alle Teller exakt eingedeckt werden und immer gleich zum Gast stehen.

Und nicht vergessen, den Gästen zu sagen, was sie als Nächstes geniessen dürfen. Es steckt viel Arbeit in jedem Gang, und das soll der Gast auch würdigen können. Wurde eine Zutat verwendet, die manche vielleicht nicht essen wollen, unbedingt darauf hinweisen, damit der Gast dies bei Bedarf stehenlassen kann.
Übrigens: In Gourmetküchen wird zum Tellersäubern auch gerne mal ein Schuss Schnaps verwendet. Dazu etwas Schnaps auf ein Haushaltspapier geben und kräftig reiben.

Beim Anrichten streitet sich das Gästepaar im Esszimmer, was nun?
Unstimmigkeiten sind nicht für andere bestimmt. Deshalb ist es angebracht, für die Dauer der Einladung einen Waffenstillstand zu vereinbaren. Lässt sich eine Diskussion nicht vermeiden, vorübergehend vom Tisch verabschieden und das Gespräch auf der Terrasse führen.

Das alles hilft aber dir als Gastgeber nicht, wenn die Diskussion bereits entbrannt ist. Hier gilt, dich von der Küche aus bemerkbar zu machen, indem du geräuschvoller arbeitest oder fragst, ob sie denn bereit seien für den nächsten Gang. Wichtig ist, sich nichts anmerken zu lassen und rasch das Thema zu wechseln!

Gastgeberei-Tipp

ALLES VON RECHTS SERVIERT? NEIN

Im Restaurant wird aus praktischen Gründen von rechts serviert. Dies gilt auch für die Weinpräsentation, den Getränkeservice, das Nachdecken von Besteck und das Abräumen. Aber nicht alles kommt von rechts. Der Service erfolgt von links, wenn …

- mit Speisen angerichtete Platten präsentiert werden
- das Gericht von der Platte mit Gabel / Löffel vor dem Gast auf dem Teller platziert wird
- sich der Gast selbst von der Platte bedienen darf
- eine für den Gast bestimmte Schale (Beilagen oder Fingerbowle) abgestellt wird
- das Brot ins Brottellerchen serviert wird
- das Tischtuch von Brotkrümeln befreit wird
- das, was von links serviert wurde, abgeräumt wird

Die Ausnahme: Es bringt nichts, den Gast zu stören, damit «korrekt» serviert werden kann. Lieber von der «falschen» Seite kommen, als den Gast zu stören.

Gastgeberei-Tipp

NACHSERVICE

Was die Portionengrösse betrifft, ist Vorsicht geboten. Ein zu voller Teller sieht nicht schön aus. Lieber weniger auf den Teller legen und einen Nachservice anbieten. Wer dafür auch noch saubere und vorgewärmte oder gekühlte Teller bereithält, setzt einen besonderen Akzent und hebt damit den Service auf ein noch höheres Level – schön, aber nicht zwingend. Am besten eine temperierte Platte nehmen, von allen Komponenten einige Stücke darauflegen und in der Hand aus einer Gabel und einem Löffel eine Zange bilden. Beim Bedienen der Gäste anzeigen, wie viel man auf den Teller zu legen gedenkt, damit der Gast notfalls intervenieren und die Menge reduzieren kann. Wenn er nicht interveniert, hätte er vielleicht gerne sogar mehr davon. Im Zweifelsfall einfach fragen.

Der Nachservice ist allerdings kein Muss. Hast du nur noch Beilagen übrig, brauchst du dich dafür nicht zu schämen. Allenfalls kündigst du dies bereits beim Servieren an – im positiven Sinne: «Falls jemand nachher noch einen Löffel Kartoffelstock möchte, es hat noch mehr.» Gäste sollten ihrerseits warten, bis der Gastgeber selbst einen Nachservice anbietet. Steht nämlich keine zweite Platte mehr bereit, bringt man den Koch damit in Verlegenheit.

MISSGESCHICKE

Gäste zu bewirten, ist keine exakte Wissenschaft. Kein Gastgeber wird von seinen Gästen kritisch benotet, ausser natürlich, er nimmt an einer der einschlägigen Fernsehsendungen teil. Insofern ist ein Malheur noch lange keine Katastrophe, sondern kann zu überraschenden Neukreationen führen oder zur lustigen Erinnerung werden, die auch Jahre später noch für einen Lacher sorgt. Wer seinen gesunden Menschenverstand walten lässt und ein paar Grundregeln beachtet, ist für 99 Prozent der Fälle gewappnet. Wichtig ist, schon im Vorfeld mögliche Risiken zu erkennen. Zudem hilft es, wenn du eine gewisse Ruhe und Konzentration an den Tag legst, das verringert die Gefahr von Missgeschicken deutlich. Ist die Katastrophe einmal da, gibt es nur eines: gelassen reagieren, die Situation beurteilen und rasch nach einer Lösung suchen.

Die Reaktion zählt! Kleckert der Gast auf das Tischtuch, am besten grosszügig «übersehen», um ihn nicht in Verlegenheit zu bringen. Fällt die Gabel auf den Boden, wird diese ohne Kommentar durch eine frische ersetzt. Passiert dir als Gastgeber das Malheur, und der Fleck ist auf der Kleidung deines Gastes, dann entschuldige dich und biete an, die Reinigungskosten zu übernehmen. Bei vielen Flecken helfen Hausmittelchen:

Rotwein

Mit einem sauberen Tuch rasch die Flüssigkeit tupfend aufsaugen und nicht reiben. Die Reinigung bringt die Flecken so besser weg. Alternativ kann Salz auf den Fleck gestreut werden; die Kristalle ziehen die Feuchtigkeit an.

Tomatensauce

Wenn möglich noch vor dem Eintrocknen mit Vollwaschmittel waschen. Bei weissen Kleidern etwas Javel (bleichmittelhaltige Lauge) dazugeben.

Früchte

Sofort kalt auswaschen. Bei hartnäckigen Flecken aus Waschmittel und heissem Wasser einen «Brei» machen, auf den Fleck streichen und einwirken lassen; anschliessend waschen.

Fett / Öl

Vor dem Waschen Pfeifenerde (weisser Ton, in der Drogerie erhältlich) auf den Fleck streuen und einwirken lassen. Nach ca. 30 Minuten ausklopfen und normal waschen. Auch Gallseife hat schon manchen Fleck entfernt.

Kaffee

Mineralwasser, Spülmittel oder Seife auf den Fleck geben. Sehr helle und unempfindliche Kleidung in einer bleichmittelhaltigen Lauge einweichen und normal waschen.

Empfindliche Fasern nur mit Gallseife behandeln.

Tee

Sofort unter warmes Wasser halten, dann mit Gallseife behandeln. Weisse Kleidungsstücke ebenfalls in bleichmittelhaltige Lauge einlegen.

Kerzenwachs

Wachs trocknen lassen und erst danach sorgfältig wegkratzen. Die noch haftenden Überreste zwischen Löschpapier mit mässig heissem Bügeleisen herausbügeln. Am besten nur mit der Kante des Bügeleisens arbeiten, damit das Wachs nicht ganz zerfliesst.

Und was, wenn der Fleck auf dem Tischtuch ist? Immer eine Reserveserviette bereithalten, um damit das Malheur auf dem Tisch zu verdecken.

Damit Flecken erst gar nicht entstehen:
· Zum Einschenken (nicht über dem Tischtuch) Glas in die Hand nehmen / mit Dropstop einschenken.
· Teller nicht zu sehr füllen, damit die Sauce nicht über den Rand schwappt.
· Keine Unebenheiten auf dem Tisch. Andernfalls den Tisch so eindecken, dass der Gast sein Glas nicht auf den abfallenden Rand stellt.

SCHRECKSEKUNDEN IN DER KÜCHE

Neben den Missgeschicken am Tisch lauern auch in der Küche viele Gefahren. Du bist kurz unaufmerksam, musst zu viele Sachen gleichzeitig machen – und schon läuft etwas schief. Jetzt heisst es, einen kühlen Kopf zu bewahren und kreativ zu werden. Sofern das Ausmass der Katastrophe überschaubar ist, helfen ein paar kleine Tricks.

VERSALZEN

Ob das Essen noch zu retten ist, hängt von der Menge ab. Eine Suppe lässt sich verdünnen. Ebenfalls hilft es, für 15 Minuten ein Sieb mit Reis darin zu kochen, dieser saugt das Salz auf. Wenn möglich kann auch eine Kartoffel hineingerieben werden, der Effekt ist der gleiche. Bei einer Sauce kann etwas Rahm helfen, und Gemüse kann mit etwas Zucker eine spannende Note erhalten. Notfalls gibt es immer noch die Rettung über eine Liebeserklärung an den Partner – das wird die Gäste verblüffen und elegant von Thema ablenken.

ZUCKER UND SALZ VERWECHSELT

Die Chance, dass sich das Dessert noch retten lässt, ist leider gering. 100 Gramm Salz lassen sich nicht kaschieren. Umgekehrt ist es oft weniger tragisch, zumal eine Prise Zucker statt Salz dem Gericht eine spannende Note verleihen kann. Nun heisst es probieren und kreativ nachwürzen, bis eine tolle Eigenkreation entsteht.

Gastgeberei-Tipp

SCHRECKSEKUNDE

Eine kleine Unachtsamkeit, und schon ist es passiert – der Gast hat das teure, mundgeblasene Kristallglas zerbrochen. Als Gastgeber bleibst du ganz entspannt und kümmerst sich einzig und allein um den Gast und seine Kleidung und organsiert ihm ein frisches Glas inklusive Inhalt. Ein lockeres «kein Problem, ist mir auch schon mal passiert» entspannt die Situation merklich. Wichtig ist nur, dass das Glas auch wieder ersetzt werden kann. Deshalb unbedingt beim Kauf abklären, ob das Modell auch die nächsten Jahre im Sortiment bleibt.
Und übrigens, die meisten Gläser zerbrechen nicht am Tisch, sondern beim Abwasch!

ÄRGER MIT DER SAUCE

Die Sauce ist zu dünn? Den Deckel abnehmen und durch Verdampfen einkochen. Oder in einer Pfanne Butter schmelzen und Mehl dazugeben, bis halbtrockene Klumpen entstehen. Etwas Sauce dazugeben und mit dem Schwingbesen einrühren, bis es anzieht. Nun in die dünne Sauce zurückleeren. Alternativ funktioniert auch Speisestärke, aber Achtung: Nur kleine Mengen beigeben, es dauert einen Moment, bis sie anzieht.

Jetzt ist die Sauce zu dick? Kein Problem, einfach Wasser oder Flüssigkeit wie Bouillon oder Wein beigeben.

Die Sauce flockt aus? Hier hilft die Beigabe von kalter Butter. Die Sauce mit dem Mixer aufschäumen – hilft auch, die Sauce geschmeidiger zu machen.

Die Sauce ist zu hell? Zucker und Butter in eine saubere kleine Pfanne geben und langsam erhitzen, bis die Masse karamellisiert. Nun kann unter Umrühren die warme Sauce langsam dazugegossen werden.

ZU KNACKIG BZW. VERKOCHT

Wenn eine der Komponenten zu knackig ist, gilt es Zeit zu gewinnen. Bei allen andern Komponenten die Temperatur etwas reduzieren und sie gleichzeitig beim Sorgenkind erhöhen. Mit wachsamem Auge an die Genussgrenze heranführen. Bei verkochten Stärkebeilagen hilft anbraten, so kann eine Pasta wieder etwas an Konsistenz gewinnen oder Reis knusprig werden. Falls dies nicht zumutbar ist, ebenfalls die Temperatur der andern Komponenten reduzieren und die verkochte Pasta abschöpfen. So gewinnst du Zeit, denn im bereits heissen Wasser kann nun eine neue Portion Pasta gekocht werden.

ES WIRD NICHT FEST

Der Rahm wird nicht steif? Nicht ungeduldig werden und aufmerksam weiterschlagen. Es kann nämlich plötzlich sehr schnell gehen – und du willst ja steifen Rahm und keine Butter produzieren.

Passiert dies beim Schlagen von Eiweiss, befindet sich möglicherweise etwas Eigelb im Eiweiss, oder an einem der Geräte befand sich noch etwas Fett. Dann stehen die Chancen schlecht, dass es noch funktioniert. Bevor allerdings das Eiweiss für verloren erklärt wird, einen Rettungsversuch mit ein paar Tropfen Zitronensaft oder etwas Salz starten. Nun nochmals rühren.

ZU FLÜSSIG

Wird eine Masse wie eine Terrine oder ein Pudding nicht fest, muss sie nochmals bearbeitet werden. Hierzu etwas Gelatine aufweichen und sorgfältig unter die Masse ziehen. Nun nochmals zum Festwerden in den Kühlschrank stellen. Wird sie immer noch nicht fest, lässt sich daraus vielleicht eine Glace machen. Die Masse dazu in den Tiefkühler geben und regelmässig bewegen, während sie gefriert. Wenn eine Eismaschine vorhanden ist, geht das Ganze natürlich schneller.

ZU SCHARF

Beim Kochen mit frischen Chilis und pikanten Gewürzen ist generell Vorsicht geboten. Hat man die Schärfe der Schote unterschätzt, hilft es, ein bisschen Rahm oder Tomatenmark dazuzugeben. Wenn sich das Gericht strecken lässt, ist auch die Erhöhung des Gemüse- oder Flüssigkeitsanteils eine wirkungsvolle Methode. Unbedingt beim Servieren die Gäste auf die Schärfe hinweisen und genügend Reis respektive Kartoffeln dazu reichen oder noch etwas Brot nachschneiden (Stärkebeilagen neutralisieren) – und auf keinen Fall trinken!

ZU DUNKEL

Was, wenn der Kuchen im Ofen zu dunkel geworden ist? Ein Messer zur Hand nehmen und die Schicht grosszügig abschneiden. Jetzt heisst es improvisieren: Kann der Kuchen vielleicht kopfüber serviert werden, oder gibt es eine hübsche Dekoration, um die Schnittfläche zu verdecken?

Ist etwas beim Anbraten zu dunkel geworden? Die Stellen grosszügig abschneiden und nochmals kurz nachbraten, damit wieder eine schöne Kruste entstehen kann.

Wie weiter?
Bei allen Rettungsmassnahmen ist zwingend, dass vor dem Servieren nochmals probiert und kritisch beurteilt wird. Ist das Resultat zufriedenstellend, solltest du auf keinen Fall am Tisch über das Missgeschick sprechen. Falls das Resultat okay, aber nicht grandios ist, macht es Sinn, die Gäste darauf hinzuweisen, dass das Rezept

ein Experiment war und vielleicht nicht allen gleichermassen mundet. Falls alles nichts genützt hat und die Rettungsmassnahmen erfolgslos waren, ist entwaffnende Ehrlichkeit deine einzige Chance. Bestimmt lässt sich auch aus den anderen Komponenten noch ein tolles Gericht zaubern, und das alleine wird eine sonst gelungene Einladung nicht vermasseln.

Und der Gast?
Oberstes Gebot unter geladenen Gästen ist, den Gastgeber nicht blosszustellen. War das Gratin etwas zu lange im Ofen oder die Sauce versalzen, sollte darüber grosszügig hinweggeschaut werden. Das Essen und die Arbeit des Gastgebers müssen gewürdigt werden. Jeder freut sich über lobende Worte, insbesondere wenn sehr viel

  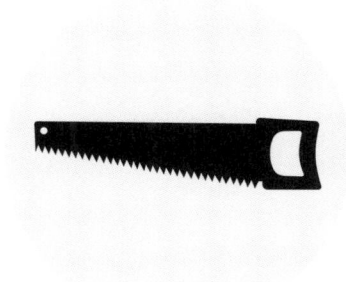

FESTGEKOCHT

Schnell reagieren und den Topf vom
Herd nehmen. Auf keinen Fall rühren.
Mit einer Kelle die Masse schnell in
eine neue Pfanne abschöpfen und ein
bis zwei Zentimeter vor der angekoch-
ten Schicht damit aufhören.

ZERFALLEN

Bei fragilen Gerichten wie Fisch oder
einer Polentaschnitte kann es passieren, dass sie zerfallen. Wenn sich die
Stücke nicht unauffällig zusammensetzen lassen, bleibt nur die Flucht
nach vorne: Aus einem Filet werden
kurzerhand Stücke.

ZÄH ODER TROCKEN

Bei trockenen Hauptkomponenten
hilft es, eine gute Sauce zu haben,
denn mit dieser kann das Malheur
grosszügig überdeckt werden. Bei
zähem Fleisch empfiehlt es sich, die
Tranchen etwas dünner als geplant zu
schneiden und bei der Menge auf dem
Teller nicht allzu grosszügig zu sein.
So kommen die Gäste nicht in Verlegenheit, wenn sie das Fleisch stehen
lassen möchten.

Aufwand dahintersteckt und das Essen
tatsächlich toll gelungen ist. Hier sind
keine «heuchlerischen» Komplimente
gefragt, sondern eine positive Rückmeldung. Also hebt der Gast das hervor,
was gelungen ist. Gab es etwas, das dem
Geschmack des Gastes nicht entspro-
chen hat? Dann erwähnt er es lieber gar
nicht, weder positiv noch negativ.

Auch wenn es einigen schwerfällt, der
Gastgeber steht in der Diskussion rund
um die kulinarischen Köstlichkeiten
im Mittelpunkt. Und so darf er auch
gerne erzählen, woher er seine Rezepte
hat. Fragt ein Gast danach, dann ist
dies als Kompliment zu verstehen. Der
Gastgeber gibt sein Rezept gerne weiter, allerdings ohne den Anspruch, als

Quelle genannt zu werden, wenn dieses
vom Gast verwendet oder weitergeg-
reicht wird. Ist es das Geheimrezept der
Familie, darf er es selbstverständlich
für sich behalten. Für Gäste gilt: gut
gemeinte Ratschläge, den Unterschied
zum eigenen Lieblingsrezept und eigene Erfahrungen wenn überhaupt nur
sehr sparsam einfliessen lassen.

ABRÄUMEN

Mit dem Abräumen sollte in unserem Kulturkreis erst begonnen werden, wenn auch der letzte Gast zu Ende gegessen hat. Der muss unbedingt die Zeit haben, auch seinen letzten Bissen noch in aller Ruhe runterzuschlucken.

Wer möchte, kann die Teller ganz professionell abräumen:

1. Teller von rechts abräumen und in die linke Hand nehmen, Messer im rechten Winkel unter die Gabel legen, damit dieses aufgrund des runden Knaufs nicht wegrutscht. Jetzt den nächsten Teller greifen.
2. Diesen auf das Handgelenk der gleichen Hand legen und damit leicht versetzt obendraufstellen, das Besteck auf den anderen Teller legen.
3. Allfällige Resten mit dem Messer auf den unteren, ersten Teller schaben, sich dafür etwas wegdrehen, damit die Gäste es nicht sehen.
4. Mit den folgenden Tellern ebenso fortfahren. Stoppen, bevor der Stapel zu schwer wird. Zum Wegtragen mit der andern Hand das Besteck stabilisieren.

Und die Gläser?
Die bleiben so lange auf dem Tisch, bis der Gast in aller Ruhe ausgetrunken und bei Bedarf noch etwas nachgeschenkt bekommen hat. Beim Weinwechsel werden jeweils die leeren Gläser abgeräumt. Das Wasserglas bleibt in jedem Fall bis zum Schluss stehen. Der Gast sitzt also nie ohne Glas oder Tasse da. Hat jemand noch nicht ausgetrunken, bleibt das Glas stehen. Vielleicht möchte er es ja noch austrinken. Steht dieses Glas allerdings länger unberührt da, darfst du auch höflich fragen, ob der Gast es noch austrinken will. Möchte jemand keinen Wein mehr, darf er auch gefragt werden, ob man das Glas abräumen soll.

Darf ich zwischendurch den Geschirrspüler laufen lassen?
Die Küche ist Visitenkarte des Gastgebers und sollte entsprechend ansehnlich sein. Wenn der Geschirrspüler vom Tisch aus nicht oder kaum hörbar ist, ist gegen einen ersten Waschgang nichts einzuwenden. Den Gästen wird es nicht auffallen, und so ist auch wieder Platz vorhanden, wenn der nächste Gang angerichtet wird.

Und als Gast mithelfen?
Gäste dürfen gerne ihre Unterstützung anbieten, allerdings ist es Sache des Gastgebers, diese anzunehmen oder freundlich abzulehnen. Tatsache ist: Der Gast ist Gast, und darf auch mal am Tisch sitzenbleiben.

Zudem freuen sich nicht alle Gastgeber über tatkräftige Mithilfe. Wenn der Gastgeber diese auch bei erneutem Nachfragen noch immer ablehnt, sollte es dabei bleiben. Nie sollten Gäste ungebeten mithelfen, auch wenn die Geste liebevoll gemeint ist. Für dich als Gastgeber heisst dies also: freundlich, aber bestimmt ablehnen. Im Notfall auch ein zweites Mal beteuern, dass der Gast eben Gast sein und sich verwöhnen lassen darf.

Gastgeberei-Tipp

TEAMWORK

Ist es eine lockere Runde, kann das Mithelfen in der Küche auch elegant als Teil der Einladung eingebaut werden. Oder aber du machst einem Gast eine Freude, indem du ihn das Fleisch tranchieren lässt – besser als er, der Arzt, kann es schliesslich keiner.

GENUSS- / SUCHTMITTEL

Rauchen

Dass Rauchen die Gesundheit gefährdet, wissen wir. Dass es unfreundlich ist, mehr Zeit auf dem Balkon als am Tisch zu verbringen, eigentlich auch.

Zwei wichtige Fragen stellen sich:
- Muss ich einen Aschenbecher auf dem Balkon platzieren? Ja.
- Ist es okay, wenn meine Gäste in den Räumen nicht rauchen dürfen? Ja.

Auch wenn Raucher durchaus ihren Gelüsten nachgehen dürfen, sollte das respektvolle Verhalten gegenüber Nichtrauchern im Vordergrund stehen. Solange die übrigen Gäste noch essen und die Teller eingedeckt sind, sollte der Tisch nicht verlassen werden. Anständige Raucher fragen die Gesellschaft, ob es in Ordnung ist, wenn sie kurz verschwinden. Dabei sollten ausserdem nicht alle auf einmal zum Glimmstängel greifen und die übrigen alleine an der Tafel zurücklassen. Als Gastgeber kümmerst du dich in diesem Fall um die Nichtraucher. Wenn die Raucher lange wegbleiben, darfst du auch erwähnen, dass es schön wäre, wenn sie wieder dazustossen würden.

- Was, wenn ich als Gastgeber starker Raucher bin, meine Gäste aber Nichtraucher sind? Sorry, das wird hart für dich. Die Gäste haben erste Priorität, die Zigarette muss warten. Und unbedingt kräftig lüften, bevor die Gäste kommen.
- Muss ich Zigaretten im Haus haben, falls meine Gäste rauchen möchten? Nein. Wenn Gäste rauchen möchten, können sie ihre Zigaretten selbst mitbringen – vor allem dann, wenn du als Gastgeber nicht rauchst. Möchtest du aber eine Genusszigarette anbieten, ist dies selbstverständlich erlaubt.

Alkohol

Anlässe ohne den Genuss von Alkohol sind eher selten. Doch der gesetzlich begrenzte Blutalkoholwert von 0,5 Promille erlaubt dem Fahrer maximal ein Glas Wein. Was tun, wenn ein Gast Alkohol trinkt und noch nach Hause fahren will, oder wenn einer so tief ins Glas geschaut hat, dass es für die anderen am Tisch unangenehm wird? Grundsätzlich ist jeder alt genug, um auf sich selbst aufzupassen. Baut er allerdings angetrunken einen Unfall, wirst du als Gastgeber ein Leben lang ein schlechtes Gewissen haben. Daher solltest du auch immer ein Auge auf das Trinkverhalten deiner Gäste werfen.

Sagt ein Gast von Anfang an, dass er fährt und nicht mehr als ein Glas trinken möchte, akzeptiert der Gastgeber das. Auch dann, wenn du extra einen Grappa besorgt hast und gerne mit dem Gast ein Glas davon trinken möchtest.

Verliert ein Gast die Kontrolle über sein Trinkverhalten, liegt es am Gastgeber, auf ihn aufzupassen. Sicherheit kommt vor Genuss! Und sonst kann ein Taxi bestellt, das Gästebett gerichtet oder der ÖV-Fahrplan herausgesucht werden. Grundsätzlich gilt (auch für Tischgespräche): Was im Rahmen der Einladung passiert, bleibt in der Runde. Also die Geschichte diskret behandeln und nicht herumerzählen.

Handy

Das Telefon auf dem Tisch zu platzieren, ist tabu. Ausser, wenn man einen ganz dringenden Anruf erwartet. Erklärt man dies im Vorfeld den anderen Gästen, werden sie Verständnis haben. Muss trotzdem unbedingt eine Nachricht versendet werden, dann bitte heimlich auf der Toilette oder abseits während einer Essenspause. Wer der Tischrunde das Gefühl gibt, dass sein digitaler Freund wichtiger ist als analoge Gespräche, verärgert die anderen.

Als Gastgeber darfst du Gäste, die ihr Telefon auf den Tisch legen, ruhig naiv fragen, ob sie denn einen wichtigen Anruf erwarten. Diesen Wink werden die meisten verstehen.

#TRÜFFELBRIE

#WURZELCRÈMESÜPPCHEN

#SEEZUNGENRÖLLCHEN

FOODPORN ❤

Es ist mehr als ein Trend, dass man seine Speisen fotografiert und online stellt. Um dies zu tun, darf sogar ausnahmsweise am Tisch das Handy gezückt werden. Allerdings sollte man als Gast den Gastgeber und allenfalls abgebildete Gäste fragen, ob es okay ist, die Speisen und den Tisch zu fotografieren. Gegen ein Erinnerungsfoto von der Tafelrunde ist grundsätzlich nichts einzuwenden. Man kann die gemachten Bilder aber auch später zu Hause online stellen und muss dafür nicht während des gesamten Abends immer wieder mit dem Handy spielen. Wichtig zu wissen für den Gastgeber: «Foodporn» ist ein Zeichen der Wertschätzung durch den Gast und damit ein Kompliment an dich!

#SCHWEINSNIERSTÜCK

#SOT-L'Y-LAISSE

#ENTARTELETTES

#FIOR_DI_LATTE_EIS

#BIERAMISU

Nachtisch

ACHTER AKT

———

Die Stimmung am Tisch ist entspannt und fröhlich, unsere Gäste haben sich inzwischen besser kennengelernt und unterhalten sich angeregt. Umso mehr freut es uns, dass einige unsere Stifte auf dem Tisch entdeckt haben und mit unseren eigens fürs 9×9 kreierten Tischsets «Stadt-Land-Genuss» spielen. Es dauert nicht lange, bis das grosse Gelächter losgeht. Was uns dabei besonders freut, ist, dass Gäste, die sich kaum kennen, miteinander umgehen, als seien sie schon lange befreundet.

Abgesehen davon, dass wir den Durstigen Wasser und den Geniessern Wein nachschenken, ist in der Küche gerade nichts zu tun, aufräumen werden wir später. Und nachdem die Hauptspeise gelungen ist, hat auch die Anspannung bei uns nachgelassen. Wir haben endlich Zeit, ein längeres Gespräch zu führen und nachzufragen, was es denn so Neues gibt. So erfahren wir, wie das sympathische Pärchen aus Biel von unserem 9×9-Dinner erfahren hat und was unseren Gästen bei uns gefällt. Die Nachspeisen servieren wir erst, wenn wir merken, dass alle wieder Appetit haben – zuerst auf Käse und danach auf Dessert. Abgerundet wird der Abend durch einen frisch zubereiteten Kaffee, begleitet von unseren hausgemachten Friandises.

NACH DEM HAUPTGANG

Im Anschluss an den Hauptgang empfiehlt es sich, eine längere Pause zu machen. Nun solltest du dir bewusst Zeit für Gespräche nehmen. Bis anhin warst du oft in der Küche beschäftigt, umso wichtiger ist es, die Gäste jetzt auch wirklich zu geniessen. Um zu verhindern, dass du gleich wieder aufstehen musst, sind vorgängig folgende Punkte zu beachten:

- Haben alle Gäste volle Wassergläser, und sind die Karaffen zum Nachschenken gefüllt?
- Möchte jemand noch Wein, und reicht der Flascheninhalt noch für ein allfälliges Nachschenken, oder solltest du vorsorglich gleich noch eine Flasche öffnen? Um dies abzuschätzen, ist zu beachten, ob als nächster Gang Käse vorgesehen ist, wie trinkfreudig die Gesellschaft ist und wie ausgelassen die Stimmung werden soll. Hier kannst du als Gastgeber bewusst den Abend lenken und bei Bedarf auch «einen Gang zurückschalten».
- Braucht noch jemand etwas? Ungeniert fragen, denn möglicherweise möchte einer, der noch mit dem Auto nach Hause fahren muss, bereits einen Kaffee.
- Steht/liegt etwas auf dem Tisch, das nicht mehr gebraucht wird (die inzwischen weich gewordene Butter, das Brotkörbli, wenn es keinen Käse gibt, oder die Serviettenringe, die eigentlich inzwischen gar nicht mehr auf dem Tisch sein sollten)? Dann ist jetzt der richtige Zeitpunkt, dies abzuräumen.

Die Dauer der Essenspause ist abhängig von den Portionengrössen und dem damit verbundenen Sättigungsgefühl. Doch auch der Fahrplan öffentlicher Verkehrsmittel und der Babysitter haben ein Wörtchen mitzureden. Erfahrungsgemäss ist es ideal, wenn die Pause mindestens 30 Minuten und nicht länger als eine Stunde dauert.

Spiele und Unterhaltung am Tisch

Warum nicht die Stimmung mit einem Gesellschaftsspiel auflockern? Bitte nichts erzwingen, es spielen nicht alle gleich gerne, wie du es selbst vielleicht tust. Viel lustiger ist es, wenn sich eine spontane Spielrunde ergibt. Um den Spieltrieb subtil zu wecken, gibt es folgende Tricks:

- Spiele in die Dekoration integrieren, zum Beispiel in Form eines Tischsets, als Dekorationselement oder ins Menu eingebunden. Springt ein Gast auf die Idee auf, sind schon bald alle im Spielmodus.
- Spiele bereits aus dem Schrank hervorkramen, bereitlegen und bewusst sichtbar im Raum platzieren. Sieht ein Gast das «Tabu», hat er bestimmt Lust zu spielen.
- Das Gespräch geschickt auf das Thema Spiele leiten, indem du auf den letzten lustigen Abend zu sprechen kommst und schilderst, wie witzig es war, als …
- Spiel mit einem Stift auf der Toilette platzieren, sodass die Gäste zwar nicht am Tisch, aber dafür anderswo spielen können. So kann beispielsweise einer auf einem Papier den Hut zeichnen und falten, der nächste den Kopf zeichnen und falten, usw.

Wenn du weisst, dass ein Gast ein schlechter Verlierer ist, oder aber selbst nicht gern spielst, dann sind Spiele selbstverständlich weder nötig noch angebracht.

Gastgeberei-Tipp

EINLADUNG ZUR SPIELERUNDE

Lädst du explizit zum Spielen ein, ist klar, dass im Verlauf des Abends die Jasskarten oder andere Spiele auf den Tisch kommen. Idealerweise planst du ein einfaches Menu, damit nicht allzu viel Zeit in der Küche verloren geht. Einige Ideen dazu:

- Die Einladung kommt in Form eines Rätsels daher. Es gibt übrigens im Internet sogenannte Kreuzworträtselgeneratoren: Programme, mit denen sich ganz leicht ein spannendes Ratespiel kreieren lässt.
- Vorgängig erhalten alle Gäste eine Rolle zugeteilt, und schon entsteht ein lustig-spannendes Krimidinner.
- Das Menu ist bereits Teil des Spiels: Die Gäste können Gewürze erraten, müssen Gänge gegeneinander kochen oder mit der Karaokemaschine zum Menu oder zum Anlass passende Lieder singen.
- Die Gäste bringen ihr Lieblingsspiel mit und bringen es den andern Gästen bei.
- Die weniger beliebten Aufgaben des Gastgebers werden zum Spieleinsatz, indem zum Beispiel ums Abwaschen gepokert wird.
- Ein Ereignis ist Partymotto und Spielethema zugleich: So wird der WM-Final zum kulinarischen Duell, der Songcontest zum Worldcafé oder die Miss-Wahl zur Ladies-Night.
- Der Sieger oder Verlierer des Abends ist Gastgeber der nächsten Spielerunde.

KÄSE

Der Käsegang gibt dem ausgedehnten Menu eine festliche Note und ist für einige Gäste sogar wichtiger als das Dessert. Aber Achtung: Es gibt Käse und Käse … Am besten direkt beim Käser beziehen, auf dem Markt kaufen oder an der Käsetheke beraten lassen.

Gastgeberei-Tipp

KÄSEKENNER

Ein Käsekenner zeichnet sich dadurch aus, dass er keinen vakuumverpackten Käse kauft. Der Grund dafür ist die feuchte «Schmierschicht», die sich auf dem Käse unter der Folie bildet und dem ganzen Käse den Geschmack seiner Rinde verpasst. Dies kannst du auch deinen Gästen erzählen – als Einleitung, bevor du ausführst, woher dein Käse kommt.

Käse lässt sich in die groben Kategorien Frisch-, Weich-, Hart- und Schimmelkäse unterteilen. Auf Raumtemperatur gebracht entfaltet er seine volle Geschmacksintensität. Dies gilt es beim Timing zu beachten. Kühl gelagerter Käse sollte ein bis zwei Stunden vor dem Servieren aus dem Kühlschrank genommen werden.

Herkunft

Bei Käse spielen die Verbindung zu Region und die Tradition eine grosse Rolle. Hierzulande sind Käse aus Italien und Frankreich angesehen. Da jedoch die Geschichte hinter dem Produkt beim Käse besonders wichtig ist, empfehlen wir, auf lokale Spezialitäten zu setzen. Der Grund: Die Gräser und Kräuter, die an einem Ort wachsen, sind es, die der Milch und damit dem Käse den besonderen Geschmack geben. Das vielfältige Angebot hierzulande lässt keinerlei Wünsche übrig. Seit der Auflösung der Käseunion und der damit verbundenen Liberalisierung des Käsemarktes bieten innovative Käser viel Neues und Gutes an. Wenn du keinen solchen Käser persönlich kennst und auf keine Empfehlung zählen kannst, geben Qualitätssiegel eine wertvolle Hilfestellung. So steht die geschützte Ursprungsbezeichnung AOP (Appellation d'Origine Protégée) als höchster Garant für die sorgfältige Erzeugung, Verarbeitung und Veredlung im benannten Ursprungsgebiet. Ist nur einer der drei Aspekte erfüllt, spricht man von geschützter geografischer Angabe (IGP, Indication Géographique Protégée).

Geschmacksintensität

Tendenziell nimmt der Geschmack mit der Reife zu, sogenannte rezente Käse sind nicht nur salziger, sondern auch geschmacksintensiver. Bei den Schimmelkäsen gibt es Weiss-, Rot- und Blauschimmelkäse, die je nach Typ streng riechen können. Gäste, die solch (im positiven Sinne) «stinkigen» Käse mögen, werden besondere Freude an Produkten aus Rohmilch haben; diese sind geschmacklich intensiver. Ist der Käse nicht reif genug, kann er rund zwei Wochen im Kühlschrank gelagert werden oder in der Nacht vor dem Servieren bei Raumtemperatur nachreifen. Einen reifen Käse erkennst du daran, dass er weicher ist und nachgibt, wenn du draufdrückst.

Gastgeberei-Tipp

REIFER KÄSE

Weichkäse ist, wenn er verkauft wird, meist zu jung. Die gute Nachricht ist, dass diejenigen, die nahe am Ablaufdatum oder bereits reduziert sind, oft den idealen Reifegrad haben. Somit sparen Liebhaber von reifem Käse nicht nur Geld, sondern können ihre Gäste auch gleich positiv überraschen.

Kuh-, Ziegen- oder Schafmilch

Bei der Auswahl gilt es die Präferenzen der Gäste zu beachten, denn nicht jeder mag den Geschmack von Kuh-, Ziegen- oder Schafkäse. Kuhmilch ist vergleichsweise fettreich und cremig, während Ziegenkäse in der Regel trockener ist und einen spezifischen Eigengeschmack hat. Schafmilchkäse hat ein nussiges Aroma und kann von weich bis krümelig jede Konsistenz haben.

Gastgeberei-Tipp

MILCH

Unbedingt von jedem Käse in Erfahrung bringen, aus welcher Milch er hergestellt wurde, und dir dies für jeden Käse genau merken. Die Wahrscheinlichkeit ist gross, dass die Gäste fragen. Speziell Rohmilchkäse sollte beim Einkauf identifiziert werden, da er für Schwangere nicht geeignet ist.

Ziegenkäse? Immer lieber

Ziegenkäse erlebt in der Schweiz eine Renaissance – seine Fangemeinde wird immer grösser. Die Qualität hat sich über die letzten Jahre zudem ständig verbessert, und im Zuge der wachsenden Nachfrage ist das Angebot vielfältiger und innovativer geworden, so zum Beispiel das von der Geissäheimet in Meierskählen im Kanton Nidwalden, die alle Produkte ressourcenschonend auf dem Hof verarbeitet und eine artgerechte Tierhaltung pflegt.

Käse aus Ziegenmilch enthält übrigens weniger Fett als Kuhmilchkäse, dadurch macht sein Genuss weniger träge. Ein Ziegenkäseproduzent von der bereits genannten Geissäheimet würde sogar mit einem Augenzwinkern behaupten, dass jemand, der viel Ziegenkäse isst, herumspringt wie ein «Gitzi». Einer der Gründe für die wohltuende Wirkung ihrer Milch ist die Tatsache, dass die Ziege – ein Tier das weiss, was gut ist – nur ausgewählte Gräser auf der Weide isst. Im Gegensatz zur Kuh, deren Produkte meist industriell verarbeitet werden, ist die Ziege ein eigenständiges Naturtier.

Unverträglichkeiten

Bei Gästen mit Laktoseunverträglichkeit ist wichtig zu wissen, dass gereifte Halbhart-, Hart- und Extrahartkäse von Natur aus laktosefrei sind, während Weich- und Frischkäse nur noch Spuren von Milchzucker enthalten. Ob der Gast davon isst, ist jedoch seine eigene Entscheidung.

Gastgeberei-Tipp

WELCHER IST WELCHER

Merke dir beim Auspacken, welcher Käse welcher ist! Bis der Käse serviert wird, kann als kleine Hilfe ein Zettel mit dem Namen dazugelegt werden.

FRÜCHTEBROT

Saftiges, mit Früchten und Nüssen gefülltes Brot: Grundrezept nehmen und nach Belieben Verschiedenes einarbeiten.

BROTAUSWAHL

In allen Formen und Varianten ist Brot der gängigste Käsebegleiter.

FRÜCHTE

Frische Früchte in Portionen, Schnitze, Stücke usw. schneiden.

GEFÜLLTER KÄSE

Der nach belieben selbst gefüllte Käse aus unserem Gastgeberei-Tipp.

GETROCKNETES

Von der Dörrmaschine od gekauft.

SENF

Grobkörnig oder fein, mit frischen Kräutern, Gewürzen, Püree oder Konfitüre aromatisiert oder auch im Feinkostladen gekauft.

MESSER

Das Weichkäsemesser hat eine gelöcherte Klinge, damit der Käse nicht kleben bleibt.

SAFT / ESSIG

Sorgfältig und lange mit etwas Zucker einkochen; alternativ kann auch ein schöner Jahrgangs-Birnendicksaft gekauft werden.

NÜSSE / KERNE

Frisch geknackt oder durch eine kurze Röstung im Ofen oder in der Bratpfanne im Geschmack intensiviert.

PRÄSENTATION

Holzbrett, Porzellanplatte, Schiefertafel, etc. dienen als dekorative Unterlagen.

EINGEMACHTES

Sei es Konfitüre, Chutney oder Gelée – als spannende Kreationen gerne mit Gewürzen oder Kräutern ergänzen und auftischen.

KANDIERT

In Zucker aufwendig Kandiertes oder in Sirup Eingelegtes darf auch mit einer Spirituose abgeschmeckt werden.

PRÄSENTATION

Teller

Ein guter Käseteller bietet vor allem Vielfalt. Es empfiehlt sich, Ziegen-, Schaf- und Kuhmilchkäse zu mischen und unterschiedliche Härtegrade und Geschmacksintensitäten zu wählen. Bei fünf Sorten können dies zum Beispiel ein Frischkäse, ein Weissschimmelkäse, ein Hartkäse, ein «Stinkkäse» und ein Blauschimmelkäse sein.

Ein sorgfältig gereifter, nur begrenzt erhältlicher, qualitativ hochwertiger oder selbst verarbeiteter Käse genügt sich selbst und kommt alleine am schönsten zur Geltung. So reicht es beispielsweise, wenn eine seltene Delikatesse wie ein dreijähriger Sbrinz AOP mit etwas Birnendicksaft und saftigem Früchtebrot serviert wird.

Platte

Eine schön assortierte Käseplatte enthält fünf bis neun verschiedene Käsesorten. Von mild bis rezent, von weich bis hart, von fein bis stinkig, von hell bis dunkel, vom Tessin bis in die Urschweiz – die Kombination machts. Eine Auswahl zu haben, ist auch dann praktisch, wenn Gäste mit unterschiedlichen oder dem Gastgeber unbekannten Vorlieben am Tisch sitzen. So kann jeder das nehmen, worauf Lust hat, und soviel, wie er möchte. Aufgrund der Vielfalt ist es wichtig, dass die Platte gross genug ist, damit die Käse nicht ineinanderlaufen.

Die Präsentation der einzelnen Käsestücke auf der Platte ist abhängig von ihrem Typ. Ziel ist, jedes so vorzubereiten, dass der Gast sich leicht sein Stück davon abschneiden kann. Kleine Frischkäse sind bereits portioniert und kommen ganz auf den Teller. Pyramiden- oder zylinderförmige Käse sehen am schönsten aus, wenn sie ganz serviert werden und der Gast sich anschliessend eine Scheibe davon abschneidet. Von grossen, trommelförmige Laiben kommt nur eine Scheibe auf die Platte, der Gast schneidet oder bricht sich davon eine Spalte ab.

Gastgeberei-Tipp

SELBST GEMACHT

Ein nicht allzu reifes, grösseres Stück Brie oder einen ganzen Tomme nehmen, aus Frischkäse eine kompakte Masse machen und Geschmack (z.B. Chili, Kräuter oder Safran) beigeben, anschliessend Käse in der Mitte halbieren, mit der Masse füllen und über mehrere Stunden kühl stellen.

Hygiene

Es empfiehlt sich, für jede Käsesorte ein eigenes Messer bereitzulegen – so lässt sich die Wanderung der natürlichen Bakterien vermeiden. Zudem solltest du den Käse nie auf Platten legen, auf denen zuvor Brot lag. Die Heferückstände des Brotes lassen den Käse schneller schimmeln.

IM UHRZEIGERSINN

Die Anordnung auf dem Käseteller / der Platte ist ein entscheidender Faktor für das Genusserlebnis. Wir starten bei 12 Uhr mit dem mildesten Käse, dann folgt im Uhrzeigersinn die Steigerung zu den intensiveren, würzigeren und reiferen Käsetypen. In dieser Reihenfolge werden die Käse auch vorgestellt.

BEGLEITER

Der Käse bekommt durch passende Begleiter den richtigen Rahmen:

Getränke

Rotwein ist der wohl beliebteste Käsebegleiter. Klassisch ist der Käsegang dazu gedacht, den Hauptgang zu «erweitern», und so passt es auch, wenn der schöne Tropfen dazu gleich weitergezogen wird. Oder aber man öffnet einen neuen Wein. Wichtig ist, dass dieser eine Steigerung zum vorherigen darstellt. Er sollte also gehaltvoller, gereifter oder im Barrique ausgebaut sein, um nicht abzufallen.

Als Grundregel gilt: Je gehaltvoller der Wein ist, desto gereifter sollte auch der servierte Käse sein. Die Kombination der beiden Elemente führt eine chemische Reaktion am Gaumen herbei. Bei der Abstimmung ist deshalb Vorsicht geboten und fachkompetente Beratung erwünscht. Das Praktische dabei: Sowohl Wein- als auch Käsehändler können hier spannende Empfehlungen abgeben.

Gastgeberei-Tipp

APFELSAFT

Nicht nur vergorener Traubensaft, auch Apfelsaft kann je nach Gästen und Thema sehr gut zum Käse passen. Süsser, aber auch saurer Most setzt einen ganz besonderen Akzent und lässt sich wiederum prima mit zu Äpfeln passendem «Drumherum» kombinieren.

Brot

Weiss- und Kartoffel- sowie Nuss- und Sauerteigbrote mit knuspriger Kruste eigenen sich wunderbar als Begleiter. Ebenfalls beliebt sind kompakte, dunkle Brote, die in dünne Scheiben geschnitten werden. Immer hervorragend passen süsse Varianten wie Birnenweggen und Früchtebrote, mit oder ohne Nüsse.

Bei einem Käsegang nicht oft serviert aber ebenso passend: Kartoffeln.

Nüsse

Klassisch werden zum Käse Baumnüsse serviert. Man munkelt, die besten kämen aufgrund der Bodenbeschaffenheit aus der Urschweiz. Wie wäre es aber zur Abwechslung einmal mit gebrannten Mandeln, Chili-Pekannüssen, gerösteten Pinienkernen oder salzigen Pistazienkernen als geschmacklich ansprechende und hausgemachte Begleiter? Wem die Zeit zum Selbermachen fehlt, der findet im Handel kreative Apéro-Nussmischungen.

Früchte

Oft sind es frische Trauben und getrocknete Feigen, die eine Käseplatte zieren. Für einen Farbtupfer sorgen Alternativen wie frische Heidelbeeren, kandierter Ingwer oder getrocknete Cranberrys.

Eingemachtes und Senf

Süss-saure Chutneys, Gelées oder ein Früchtesenf runden den Geschmack des Käses wunderbar ab. Schön ist, wenn eine Auswahl in kleinen Gefässen angerichtet wird. Espressolöffel dazu servieren, damit sich die Gäste selbst bedienen können. Selbst gemacht und steril in kleine Gläser abgefüllt sind Chutneys und Gelées über mehrere Wochen haltbar und können bei Bedarf hervorgeholt werden.

Honig

Honig zu Käse ist ein perfekter Begleiter. Besonders schön ist es, wenn dieser «rein» und somit von einer bestimmten Blüte oder aus einer bestimmten Region ist. Immer öfter erhält man in Delikatessengeschäften aber auch spannende Kombinationen wie Trüffel- oder Lavendelhonig. Besonders dekorativ ist es, verschiedene Arten von Honig – flüssigen, kristallisierten, oder gar ein Stück Honigwabe – auf dem Tisch zu präsentieren.

Gastgeberei-Tipp

BIRNENDICKSAFT

Birnendicksaft (bekannt als Backzutat für den Lebkuchen) passt mit seinem harmonisch süss-sauren Geschmack als Universalbegleiter zu jeder Käsesorte.

Käsemesser

Sehr reifer Käse, der im wahrsten Sinne des Wortes zerläuft, wird am besten mit einem Löffel serviert. Spezielle Käsemesser mit grossen Löchern in der Klinge eignen sich für weichen Käse, da sie schneiden, ohne den Käse zu zerdrücken oder daran kleben zu bleiben. Bei hartem Käse ist ein Messer mit grosser Schneidefläche praktisch, da so mehr Kraft auf die Klinge übertragen werden kann. Bei bröckligem Käse dient ein kleines Keilmesser (Parmesanstecher) dazu, Stücke herauszubrechen.

DESSERT

Auch wenn die Gäste noch so satt sind, ein Dessert hat immer Platz. Kein Gang ist so vielfältig wie dieser: Von kalt bis heiss, flüssig bis fest, nahrhaft bis leicht, klassisch bis experimentell darf der Kreativität freien Lauf gelassen werden. Als Grundsatz für das ideale Dessert gilt: etwas Fruchtiges, etwas Knuspriges/Warmes und etwas Gefrorenes.

Zutaten

So vielfältig die Möglichkeiten, die meisten Desserts haben die gleichen Basiszutaten, nämlich Zucker, Milchprodukte und Eier, kombiniert mit Früchten und Beigaben. Bei so wenigen Komponenten ist es wichtig, auf Qualität zu achten. Nur reife, saisonale Früchte frisch verwenden. Alternativ auf gefrorene oder getrocknete Früchte ausweichen – diese werden bei Genussreife verarbeitet.

Gastgeberei-Tipp

ZWIEBELALARM

Dessertzutaten dürfen nie in Berührung kommen mit Utensilien, die in der Vergangenheit Kontakt mit Zwiebeln hatten. Die Lebensmittel nehmen sonst einen unangenehmen Geschmack an.

Keine Experimente beim Rezept – umso mehr bei den Kombinationen

Bei Desserts sind die Mengenangaben und Arbeitsschritte genau abgestimmt. Exakte Handlungsabfolgen und genaues Wiegen sind ebenso wichtig wie das Überwachen der vorgegebenen Temperaturen und allenfalls Zeiten. Diese Desserts verzeihen beim Folgenden meist keine Experimente:

- Aufgehen: Gebäck, Kuchen und Soufflés
- Anziehen: Mousse, Pudding und Terrinen
- Fest werden: Sorbet, Glace und Parfait

Variationen sind selbstverständlich möglich, allerdings vorzugsweise nach Rezept und nicht nach Gefühl. Etwas Spielraum ist allerdings gegeben, besonders in folgenden Fällen:

- Früchte mit gleicher Festigkeit; also Äpfel statt Birnen oder Pflaumen statt Aprikosen, oder aber Kürbis statt Rüebli für die berühmte Torte.
- Nüsse sind austauschbar; ob Hasel, Mandel oder Cashew spielt keine Rolle, sofern die Beschaffenheit gleich ist – gehackt bleibt gehackt und gemahlen bleibt gemahlen.
- Getrocknet ist getrocknet, und kandiert ist kandiert, sämtliche so verarbeiteten Früchte können beliebig ausgetauscht werden.

In folgenden Fällen lässt du das Austauschen lieber sein oder suchst ein alternatives Rezept:

- Weisse und schwarze Schokolade gleichen sich in fester Form, können aber in der Verwendung unterschiedlich reagieren.
- Süss ist nicht gleich süss; dass ein Dessert mit Zucker, Puderzucker oder Honig zubereitet wird, hat seine Gründe.
- Mehl, Griess und Speisestärke sind nicht austauschbar. Während Mehl für Substanz sorgt, hat Griess eine grössere Saugfähigkeit, und Speisestärke bindet.
- Gelier- und Triebmittel wirken unterschiedlich (stark) – ob Gelatine oder Agar-Agar sowie Hefe oder Backpulver ist nicht egal.
- Gewürze, Kräuter und Blüten sind einzigartig. Ihre Menge hängt von der Geschmacksintensität ab und ist im Rezept entsprechend dosiert.
- Kaffee, Säfte, Sirup, Wein, Brände und Likör sind im Dessert ebenso unterschiedlich wie im Glas, innerhalb ihrer Kategorie jedoch austauschbar – Holundersirup statt Erdbeersirup ist also möglich.

Präsentation

Die Präsentation lässt viel Raum für Kreativität. Sei es auf einem Teller, in einem Glas oder in einer Schale auf dem Buffet – Desserts sind anpassungsfähig. So kann ein Tiramisu genauso gut als aus einer Form herausgeschöpftes Stück, schön angerichtet auf einem Teller oder geschichtet in einem Glas daherkommen. Wichtig ist allerdings, zu bedenken, ob etwas bewusst ruhen muss oder doch lieber knusprig oder eisig bleiben soll. Was auch immer serviert wird, jede Komponente muss zum Zeitpunkt des Anrichtens ihre vorgesehene Konsistenz haben.

Ein Dessert zum Selberschöpfen bringt, auf einem Nebentisch serviert, nicht nur etwas Bewegung in die Gesellschaft, sondern ermöglicht den Gästen auch, ihren Diätplan einzuhalten oder ungehindert nochmals nachzuschöpfen. Der Aufbau eines Buffets startet rechts – zuerst die Teller, danach der Reihe nach die Speisen, am Schluss liegt das Besteck bereit.

Dessertsaucen

Nicht nur zum Fleisch, sondern auch zum Dessert setzt die Sauce einen wirkungsvollen Akzent. Sie eignet sich nicht nur, um eine Dessertkomponente geschmacklich und optisch hervorzuheben, sondern setzt auch Kontraste. Die Ergänzung durch das Gegenteil – wie heiss zu kalt oder sauer zu süss – macht das Dessert spannender.

Gastgeberei-Tipp

DIE RICHTIGE SAUCE

Nicht jede Sauce passt zu jedem Dessert. Eine zu flüssige Sauce droht den knusprigen Törtchenboden aufzuweichen, und eine Schokoladensauce erstarrt auf dem Eis, statt herunterzulaufen.

Klassiker – neu kombiniert

Ist das Fundament gegeben, sind überraschende Kombinationen erwünscht. Der Klassiker wird so zum effektvollen Trenddessert. Es spricht nichts dagegen, Karamell mit Fleur de Sel zu verfeinern oder Eis zu flambieren.

Am einfachsten ist es, bekannte Desserts zu nehmen und gedanklich in die einzelnen Bestandteile zu zerlegen. Man nehme zum Beispiel den Bananensplit: Nichts spricht dagegen, aus der Banane die Glace zu machen. Die Schokoladensauce wird zum Törtchen und die Vanilleglace zur Sauce. So lassen sich bewährte Kombinationen neu zusammensetzen, überraschend interpretieren und Texturen verändern.

Bewährtes lässt sich auch gut mit Gewürzen und Kräutern ergänzen.

Die Vanilleglace wird spannend, wenn sie mit Kürbiskernöl abgeschmeckt wird, das Erdbeersorbet wird gepfeffert, die Tarte Tatin kann auch als Millefeuille daherkommen, die Crème brûlée wird mit Safran parfümiert, die Chilischokolade im Regal inspiriert zum pikanten Schokoladenmousse, und der Lebkuchen wird zur Sauce, die das Zwetschgengratin abrundet.

Es entstehen Kombinationen wie weich-knusprig, fruchtig-säuerlich, süss-salzig, cremig-leicht, kalt-warm.

Gastgeberei-Tipp

ABGESCHAUT

Ratlos? Wer Inspiration für ungewöhnliche Kombinationen und Eigenkreationen sucht, dem hilft der Blick in die Kochtöpfe der Profis. Heute stellen die meisten Restaurants ihre Menukarten online. Such ein Restaurant, das dich anspricht, und schau in die Dessertkarte – hier findet sich so Einiges an Inspiration.

FRÜCHTE

Entweder ganz oder schön geschnitten (auf Eis) servieren, um sie sofort zu geniessen.

SÜPPCHEN

Süppchen oder einen Smoothie aus Früchten, Kräutern, Gewürzen und Spirituosen kreativ kombiniert und kühl oder warm servieren.

DEKORATION

Kein Dessert ohne Dekoration. Dies kann ein aufwendiges Kunstwerk oder eine Dessertkomponente in ihrer «Rohfassung» sein.

KOMBINIERT

Mousse, Crème brûlée oder Pannacotta mit Geschmack anreichern und mit dem passenden Ragout servieren, harmonisch abgestimmt oder erfrischend kontrastreich.

SCHNELLES

Eine Mischung aus Quark, Joghurt und Crème fraîche nach Belieben kombiniert mit etwas Gewürz oder Vanillemark mit einem knusprigen Abschluss – wie gerösteten Guetzli-bröseln.

MARINIERT

Glace oder Sorbet, serviert auf einer Spirituose und darin marinierten Früchten.

SCHICHTEN

Creme, Kompott und knusprige Komponente in einem Trinkglas Schicht für Schicht anrichten.

GEWÜRZT

Glace oder Sorbet mit Kräutern oder Gewürzen obendrauf verfeinern.

TORTEN

Torten haben unterschiedliche Schwierigkeitsgrade. Es lohnt sich, mit einfachen Rezepten zu beginnen und sich mit der nötigen Übung im Laufe der Zeit zum Tortenmeister zu entwickeln. Wichtig ist, für die Torte die entsprechende Platte und Servierbesteck bereitzulegen. Mit einer erhöhten Tortenplatte wird auch die flache Tarte zum Kunstwerk. Zum sicheren Anschneiden dient ein Tortenmesser.

Gastgeberei-Tipp

DEKORATION

Für die Dekoration immer Elemente nehmen, die auch in der Torte enthalten sind oder zumindest thematisch zum Anlass passen, sonst wirken sie wie ein Fremdkörper.

DESSERTWEIN

Ein festliches Menu findet seinen perfekten Abschluss, wenn ein Dessertwein serviert wird. Eine nicht alltägliche Delikatesse, die – wie es der Name schon sagt – das Dessert begleitet. Es gibt drei Arten von Dessertweinen: klassische Dessertweine wie den Sauternes, aufgespritete wie den Portwein oder aber süsse Schaumweine wie den Moscato d'Asti.

Die klassischen Dessertweine sind Weine mit viel Restzucker – in der Regel sind dies 30 bis 140 Gramm pro Liter. Daher fällt auch die Menge im Glas mit 5 Zentilitern relativ gering aus. Diese Weine werden gekühlt serviert. Getrunken werden sie vorzugsweise zu Desserts auf Basis von Milchprodukten wie Cremes oder Glace.

Aufgespritete Weine, deren Gärung durch Zuführung von hochprozentigem Alkohol gestoppt wurde, sind mit mindestens 17 Volumenprozent höher im Alkoholgehalt. Es gibt bestimmte Desserts, die nach einem kräftigen und gehaltvollen Wein verlangen. Solche Weine werden zum Beispiel zu flambierten Früchten, also Desserts, die bereits Alkohol enthalten, gereicht.

Wenn das Menu üppig ausgefallen ist, schon einige Weine genossen wurden oder das Dessert leicht / fruchtig / säurehaltig (Desserts auf Basis von Früchten / Sorbets / Gebäck) ausfällt, ist ein süsser Schaumwein die richtige Wahl. Im Gegensatz zum klassischen Dessertwein hat er nur 5 bis 6 Volumenprozent Alkohol, ist also deutlich bekömmlicher.

Gastgeberei-Tipp

SÜSSWEIN ZU KÄSE

Süssweine passen auch hervorragend zu bestimmten Käsetypen. Portwein und harter Blauschimmelkäse ist eine bewährte Kombination, ebenso Sauternes und Roquefort.

KAFFEE UND TEE

KAFFEE

Nach dem Dessert und zum Abschluss eines schönen Essens ist es üblich, Kaffee oder Tee zu servieren. Idealerweise werden beide Optionen angeboten und mit ein paar zusätzlichen Informationen ergänzt. Für den Gast ist es wichtig zu wissen, dass er zwischen Kaffee und Espresso oder aus verschiedenen Teesorten wählen kann. Hierzulande ist es üblich, dazu Zucker und Rahm oder Milch anzubieten und dies in hübschen Gefässen auf den Tisch zu stellen.

Die Qualität des Kaffees wird beeinflusst durch die Herkunft, die Sorte, die Röstung, die Lagerung / Frische und die Zubereitung.

Herkunft / Sorte

Die Sorten Arabica und Robusta machen 99 Prozent der Welternte aus. Arabica wird in Amerika, Ostafrika und Indien angebaut. Robusta kommt aus West- und Mittelafrika, Indien und Indonesien. Je nach Qualität, Einsatzbereich und gesuchtem Geschmacksprofil werden die Sorten einzeln verarbeitet oder als Mischungen angeboten.

Röstung

Mit der Röstung werden die Kaffeebohnen veredelt und die Aromen freigesetzt. Damit entscheidet sich, ob ein Kaffee seinen vollen Geschmack entwickelt, bitter schmeckt oder gar magenunverträglich ist. Ein Röstmeister, der sein Handwerk versteht, erwischt den richtigen Zeitpunkt und die richtige Temperatur und macht aus seinem Kaffee ein qualitativ ansprechendes Produkt.

Lagerung / Frische

Grundsätzlich ist Kaffee kein Lagerprodukt und sollte wegen des darin enthaltenen Fetts (bis zu 20 Prozent), das ranzig werden kann, wie ein

Frischprodukt behandelt werden. Den Kaffee am besten direkt und frisch aus der Rösterei beziehen. Eine offene Packung Kaffee mit einem Aromaclip gut verschliessen und innert 7 Tagen aufbrauchen. Für die Aufbewahrung wird empfohlen, den Kaffee – ob als Bohnen, gemahlen oder in Kapseln – möglichst originalverpackt, trocken, kühl und dunkel zu lagern.

Gastgeberei-Tipp

KAFFEEMENGE

Wer eine Kaffeemaschine zu Hause hat, füllt in den Bohnenbehälter nur so viel Kaffee, wie er innert Stunden verbrauchen kann. Am besten erst auffüllen, wenn die Gäste erwartet werden. Streng genommen sollten die Bohnen nicht länger als einen halben Tag im Behälter sein. Es empfiehlt sich, lieber öfter kleinere Verpackungseinheiten, zum Beispiel 100 oder 250 Gramm, zu kaufen.

Je nach Zubereitungsart ist die Rezeptur individuell anzupassen. Das Zubehör muss sauber sein und nach Gebrauch wieder gut gereinigt werden – besonders jene Teile, die direkt mit dem Kaffee in Berührung kommen.

Für den perfekten Kaffee frisches Wasser verwenden. Beim Aufbrühen des Kaffees darf es jedoch nicht mehr kochen und hat idealerweise eine Temperatur von 90 bis 95 °C.

Kaffee-Vollautomat
Eine Maschine für den Kaffee-Liebhaber.

Kolben-/Siebträgermaschine
Die halbautomatische Maschine ist etwas anspruchsvoller in der Bedienung, dafür umso beliebter bei Kaffee-Experten. Idealerweise mit separater Mühle, um die Bohnen frisch zu mahlen.

Kapselsystem
Ideal, wenn man eine grosse Auswahl an Kaffeesorten und -stärken anbieten will. Sogar koffeinfreier Kaffee kann ohne Zusatzaufwand angeboten werden.

Für Gastgeber, die selbst keinen Kaffee trinken, aber ihren Gästen trotzdem eine Tasse anbieten möchten, gibt es praktische Lösungen ganz ohne Maschine:

Instantkaffee
Leicht löslicher Kaffee, der mit heissem Wasser aufgegossen wird, ist die einfachste Lösung. Aber bitte auf keinen Fall das Pulver auf den Tisch stellen, sondern das Wasser liebevoll in der Küche aufkochen und sorgfältig in die Tasse giessen.

Türkischer Kaffee
Wasser in die Kanne geben, aufkochen, Kanne vom Herd nehmen und die entsprechende Menge Kaffee hinzufügen: Zwei Löffel feines Pulver pro Person. Den Kaffee zweimal hintereinander aufkochen lassen, zwischendurch die Kanne vom Herd nehmen, den Schaum abschöpfen und gut umrühren. Vor dem Servieren einen Löffel kaltes Wasser hinzufügen, um das Absetzen des Kaffeepulvers auf dem Boden der Kanne zu beschleunigen. Danach den Kaffee ohne zu filtern in die Tassen giessen und den Gästen erklären, dass sie kurz warten sollen, bis sich der Satz gesetzt hat.

Trendgetränk Filterkaffee?
Lange Zeit etwas verstaubt, erlebt der Filterkaffee heute ein Revival. Sei es der kultige italienische Moka-Express-Kaffeekocher, Frenchpress oder die klassische Variante mit Papierfilter – Kaffeekenner schwören auf Filterkaffee. Die Aromen werden schonend herausgelöst, und so gelangt der Kaffee in seiner besten Qualität in die Tassen. Wer seinen Gästen etwas Besonderes bieten möchte, inszeniert den Kaffeeservice als Ritual und setzt damit einen weiteren Akzent. Einen entscheidenden Einfluss auf den Filterkaffee hat der Mahlgrad der Bohnen; ist dieser zu fein, droht der Kaffee bitter zu werden, ist er zu grob, läuft das Wasser zu schnell durch, und der Kaffee wird zu dünn.

So gehts:
1. Wasser erhitzen, bis es kurz davor ist, zu kochen.
2. Filterbehälter für die Gäste sichtbar auf einen dekorativen Krug stellen.
3. Filter einlegen und diesen mit dem heissen Wasser benetzen, damit die ätherischen Öle nicht am Filter haften bleiben. Wasser wieder abgiessen.

TEE

4. Für einen Liter Wasser berechnet man 50 bis 60 Gramm Kaffeepulver. Die Durchlaufzeit sollte 4 bis 6 Minuten betragen. Der Mahlgrad wird der Menge angepasst. Als Faustregel gilt: Je mehr Kaffee zubereitet wird, desto gröber sollte der Mahlgrad sein.

5. Geduld haben, bis der Kaffee durchgelaufen ist. In der Zwischenzeit entstehen am Tisch wunderbare Gespräche.

Gastgeberei-Tipp

WARME TASSEN

Kaffee ist am aromatischsten, wenn er heiss serviert wird. Deshalb vorgängig Wasser aufkochen und in die Tassen leeren, damit diese vorgewärmt werden. Wasser ausleeren, Kaffee einfüllen und gleich servieren.

Ob Grün-, Früchte- oder Verveinetee, die Geschmäcker der Teetrinker sind so vielfältig wie die Sorten. Ein guter Gastgeber zeichnet sich dadurch aus, dass er dem Gast genau den Tee anbieten kann, auf den dieser gerade Lust hat.

Zum Tee wird jeweils Zucker serviert (vorzugsweise weisser, da brauner und Kandiszucker den Geschmack beeinflussen). Zitrone nur auf Verlangen servieren, da diese ebenfalls den Geschmack verändert. Milch braucht es für Schwarztee und Chai.

Koffein

Die klassischen Schwarz, Grün- und Weissteearten enthalten Koffein. Verglichen mit Kaffee beginnt die anregende Wirkung zwar langsamer, hält aber dafür länger an. Eine Tasse Tee enthält durchschnittlich 50 Milligramm Koffein. Viele Tees auf Kräuterbasis (Aufgüsse, im Französischen *tisanes* oder *infusions*) wie Kamille, Pfefferminz, Hagebutte usw. enthalten jedoch kein Koffein und können bedenkenlos genossen werden.

Gastgeberei-Tipp

TEEBOX

Wieso nicht dem Gast eine kleine, hübsch präsentierte Teeselektion zeigen, damit er nach Lust und Laune einen Tee auswählen kann? Eine dekorative Weinkiste oder eine schöne Gebäckschachtel lassen sich prima zur Teebox umfunktionieren. Darin können die verschiedenen Teebeutel dunkel, trocken und gut verschlossen aufbewahrt werden und sind über Monate haltbar.

Diese Tees solltest du vorrätig haben:

Grüntee

Früchtetee

Hagebuttentee

Kamillentee

Kräutertee

Pfefferminztee

Rooibos

Schwarztee (ein bis zwei Sorten, mindestens eine ohne Aroma)

Verveinetee

FRIANDISES

Guetzli, Gebäck, Pralinen, Mignardises, Petits Fours, Törtchen, Macarons und Fruchtgelées sind kein Dessertersatz, sondern begleiten den Kaffee oder Tee und sorgen für einen süssen Abschluss. Zwei, drei Stück pro Person reichen. Wichtiger ist, dass sie schön präsentiert werden. Ob hausgemacht oder gekauft ist nicht entscheidend, denn jeder Gast weiss, dass auch gekaufte Pralinen eine wertschätzende Geste sind.

SZENENWECHSEL

Seit wir uns an den Tisch gesetzt haben, sind nun doch schon einige Stunden vergangen. Warum nicht zur Abwechslung Kaffee, Tee und Friandises im Wohnzimmer servieren? Dies belebt die vom feinen Essen vielleicht etwas träg gewordenen Gäste und schafft vor allem die Möglichkeit, sich auch mal noch mit jemand anderem als dem Tischnachbarn zu unterhalten.

Selbst gemachte Kunstwerke

Selbst gemachte Friandises sind eine Herausforderung. Beim Backen, Einkochen, Garnieren und Verzieren sind Geduld und Feingefühl gefragt. Es lohnt sich, mit Einfacherem wie gefüllten Keksen oder Pralinen zu beginnen.

Vom Maître Chocolatier

Gäste fühlen sich ebenso verwöhnt, wenn du ihnen Feines vom Chocolatier servierst – vor allem dann, wenn du dir die Zeit genommen hast, für deine Gäste etwas Besonderes auszuwählen und ihnen vom Besuch in der Confiserie erzählen kannst.

Grosser Effekt

Fehlt die Zeit, alles von Grund auf zu machen, einfach in die Trickkiste greifen und mit Hilfe halbfertiger Produkte «Selbstgemachtes» kreieren.

SABLÉ

Es fehlt die Zeit, vor der Einladung auch noch Guetzli zu backen? Weit im Vorfeld einen Sabléteig machen, Rollen von 2 Zentimetern Durchmesser formen und einfrieren. Die Rolle kann dann am Tag der Einladung herausgenommen, in Scheiben geschnitten und frisch gebacken werden. Der Rest der Rolle kommt zurück in den Tiefkühler fürs nächste Mal. So kommt man mit vergleichsweise wenig Aufwand zu selbst gemachten Sablés. Wer noch einen draufsetzen möchte, kann die Sablérolle vor dem Schneiden auch noch in Zucker, gehackten Haselnüssen oder Schokoladenpulver rollen. Noch kreativer wird es, wenn die Rollen bei der Zubereitung mit Schokostücken oder Mandelplättchen gespickt oder mit Zimt- oder Schokoladenpulver parfümiert werden. Hier ist Platz für Fantasie.

DIGESTIF

Viele Gäste schätzen es, wenn zum Kaffee ein Digestif angeboten wird. Es gibt auch üppige Menus, die fast schon nach einem «Verdauungsförderer» verlangen, beispielsweise ein Käsefondue oder eine Haxe. Erfahrungsgemäss sind die Vorlieben sehr unterschiedlich; einige mögens herb, andere bitter oder lieber süss. Um den Wünschen aller Gäste gerecht zu werden, empfiehlt es sich, eine Auswahl von verschiedenen Digestifs in der Hausbar zu lagern. Wichtig ist, dass Spezialitäten mit Geschichte angeboten werden und keine «Wanderpokale». Aufgrund des hohen Alkoholgehalts sind auch angebrauchte Flaschen über Jahre haltbar.

Die Hausbar eines guten Gastgebers enthält folgende Destillate:

- Grappa
- Fruchtbrand
- Whisky
- Magen-/Kräuterbitter

Ergänzend empfehlen sich:

- Cognac
- Calvados
- Rum
- Likör auf Frucht-, Mandel- oder Rahmbasis

Fruchtbrand
Fruchtbrände haben schon unsere Grosseltern getrunken. Seither hat sich

Gastgeberei-Tipp

HAUSBAR

Digestif in der Hausbar zu haben, ist auch deshalb praktisch, weil es immer Desserts gibt, die z.B. einen Schuss Kirsch verlangen, oder Saucen, die mit Cognac abgerundet werden. Die benötigten Mengen sind jeweils sehr klein und können gut mit der Flasche aus der Hausbar abgedeckt werden.

viel getan, und neben den klassischen Bränden sind über die letzten Jahre innovative Produkte auf den Markt gekommen, die das Anbieten eines Fruchtbrands auch im Rahmen einer gepflegten Einladung durchaus salonfähig machen. Deshalb ist es schön, wenn den Gästen statt eines Destillats aus Übersee lokale Produkte mit Geschichte angeboten werden können. Basis für einen hochwertigen Fruchtbrand ist gutes Obst. So haben Brennereien begonnen, Obst von Bäumen aus nächster Nähe zu verwenden, um eine regionale Verankerung zu schaffen. Wichtig ist die Beziehung zum Landwirt, weil so sichergestellt wird, dass

die Früchte am Baum ausreifen und das Obst, einmal geerntet, möglichst schnell in der Destillerie ankommt.

Um den Fruchtbrand zu schätzen, ist es wichtig zu wissen, worauf es bei der Destillierung ankommt: auf den Brennmeister! Die Kunst ist es, Vorlauf, Mittellauf – das Herzstück – und Nachlauf während der Destillation sauber abzutrennen, damit nur die fruchttypischen Aromen und keine unerwünschten Geschmacksnoten dazukommen. Das Verfahren ist in kleinen Brennereien Handarbeit. Dies macht das Fruchtdestillat zu einem hochwertigen Produkt mit einer erzählenswerten Geschichte.

Gastgeberei-Tipp

RARE BRÄNDE

Bei besonderen Fruchtbränden wird auf der Etikette die Sorte des Obstes genannt. Bei solch einzigartigen Produkten ist es wichtig, die Geschichte dahinter zu kennen. So ist beispielsweise Brand aus Theilersbirnen – einer fast ausgestorbenen Birnensorte – rar. Die Beschaffung ist aufwendig, die Mengen sind sehr beschränkt.

NÜSSE

Im Zucker mit wenig Wasser karamellisieren, würzen erlaubt.

FRÜCHTE

In Schokolade tauchen und nach Lust und Laune dekorieren.

DIGESTIF

Eine vielseitige Auswahl an Fruchtbränden und Spirituosen aus der Hausbar anbieten, so ist für jeden Geschmack was dabei.

PRALINÉ

Selbst nach unserem Grundrezept (Seite 231) herstellen, nach Belieben mit ein bis zwei Komponenten (Spirituosen, Gewürzen, Früchten und vielem mehr) aromatisieren, formen und mit einem passenden Mantel versehen.

KUCHENWÜRFEL

Pur oder gefüllt – in Zuckerguss oder Schokolade tunken und effektvoll verzieren.

TEIGBODEN

Ausbacken, mit einer Creme füllen und mit Früchten, Nüssen, Schokolade usw. bestücken.

PRUSSIENS

Einfach selbst gemacht aus Blätterteig; rollen, zuckern, eventuell würzen, schneiden und im Ofen frisch backen.

PRÄSENTATION

Friandises auf einer dekorativen Etagère oder in einem zum Thema passenden Gefäss präsentieren.

SABLÉ

Dem Sabléteig beliebig Nüsse, Gewürze und Früchte (trocken, kandiert usw.) beimischen, in Zucker oder anderer Komponente wenden, schneiden und möglichst frisch backen.

VOM CONFISEUR

Sorgfältig beim Chocolatier ausgesuchte und auf das Menu abgestimmte Friandises machen sich immer gut.

ZIGARREN

Mit Zigarren kann man Geniessern eine grosse Freude machen und dabei gleichzeitig die Einladung ausdehnen. Damit der Genuss der einen nicht zum Übel für die anderen wird, empfiehlt es sich, in einem anderen Raum oder noch besser an der frischen Luft zu rauchen. Den Gästen Zigarren anbieten zu können, braucht etwas Planung. Die Rauchwaren müssen im Vorfeld sorgfältig ausgewählt und nach dem Einkauf korrekt gelagert werden.

Qualitätsmerkmale einer Zigarre

Sie muss gleichmässig gerollt sein, der Körper soll leichtem Druck elastisch nachgeben und keine harten oder weichen Stellen aufweisen. Ein leichter Schimmer auf der Oberfläche zeugt von Feuchtigkeit und ist wichtig. Gute Qualität erkennst du daran, dass die Zigarre gleichmässig zieht und beim Abbrennen nicht zu heiss wird.

Lagerung

Trocknet die Zigarre aus, wird sie brüchig, verändert sich negativ im Geschmack und brennt nicht schön. Deshalb empfiehlt sich zur Lagerung ein Humidor. In diesem sollten eine Luftfeuchtigkeit von 65 bis 75 Prozent und eine Temperatur von ca. 20 °C herrschen, damit das Aroma der Zigarre erhalten bleibt. Hast du keinen Humidor, kaufst du am besten Zigarren, die in Zellophan eingewickelt sind, das sie vor dem Austrocknen schützt. Der beste Ort für die Lagerung ist in diesem Fall der Weinkeller.

Utensilien

- Zigarrenstreichhölzer, Zedernholzspäne oder ein Gasfeuerzeug für eine geruchlose Flamme.
- Zigarrenaschenbecher, die grösser sind und tiefere Aussparungen haben als herkömmliche Modelle.
- Eine Zigarrenschere, ein Cutter oder ein Bohrer dienen als Schneideutensilien.
- Ein Teller, auf welchem das Schneidewerkzeug überreicht und auf den anschliessend der Abschnitt gelegt wird, damit dieser nicht lose auf dem Tisch liegt.

Zigarren anzünden

1. Zigarre auspacken und eventuell die Zigarrenschleife abnehmen. Ursprünglich gedacht, um die Finger vor Tabakflecken zu schützen (oder die Zigarre vor den Fingern), ist sie gleichzeitig Träger des Absenders.
2. Zigarren, die am Ende geschlossen sind, werden mit dem Schneideutensil geöffnet. Unbedingt sorgfältig vorgehen, denn eine schlecht angeschnittene Zigarre mindert den Genussfaktor. Die Öffnung muss gross genug sein, um einen guten Zug zu gewährleisten. Vor dem Anschneiden das Deckblatt mit dem Mund befeuchten, damit es nicht bricht. Achtung: Einige Millimeter vom Kopf sollten drangelassen werden, sonst läuft man Gefahr, dass sich das Deckblatt ablöst.
3. Beim Anzünden wird die Zigarre waagrecht in der Hand und nicht in die Flamme gehalten, sondern je nach Feuerquelle etwas davon weg oder darüber. Sie wird mit einer langsamen Drehbewegung angewärmt, bis sie gleichmässig zu glühen beginnt. Sobald Rauch aufsteigt, wird die Zigarre in den Mund genommen und durch sanftes Ziehen richtig zum Glühen gebracht.
4. Nun darf die Zigarre in ruhigen und bedächtigen Zügen genossen werden. Der Rauch wird nicht inhaliert, sondern gepafft. Auf keinen Fall zu stark daran ziehen, denn eine zu hohe Temperatur beeinträchtigt das Aroma. Die Zigarre nur bis auf zwei Drittel rauchen, der letzte Teil dient als Filter.

Eine Zigarre wird nicht ausgedrückt, sondern in den Aschenbecher gelegt, damit sie ausglimmt. Daran und am Aschekegel erkennt man den Kenner!

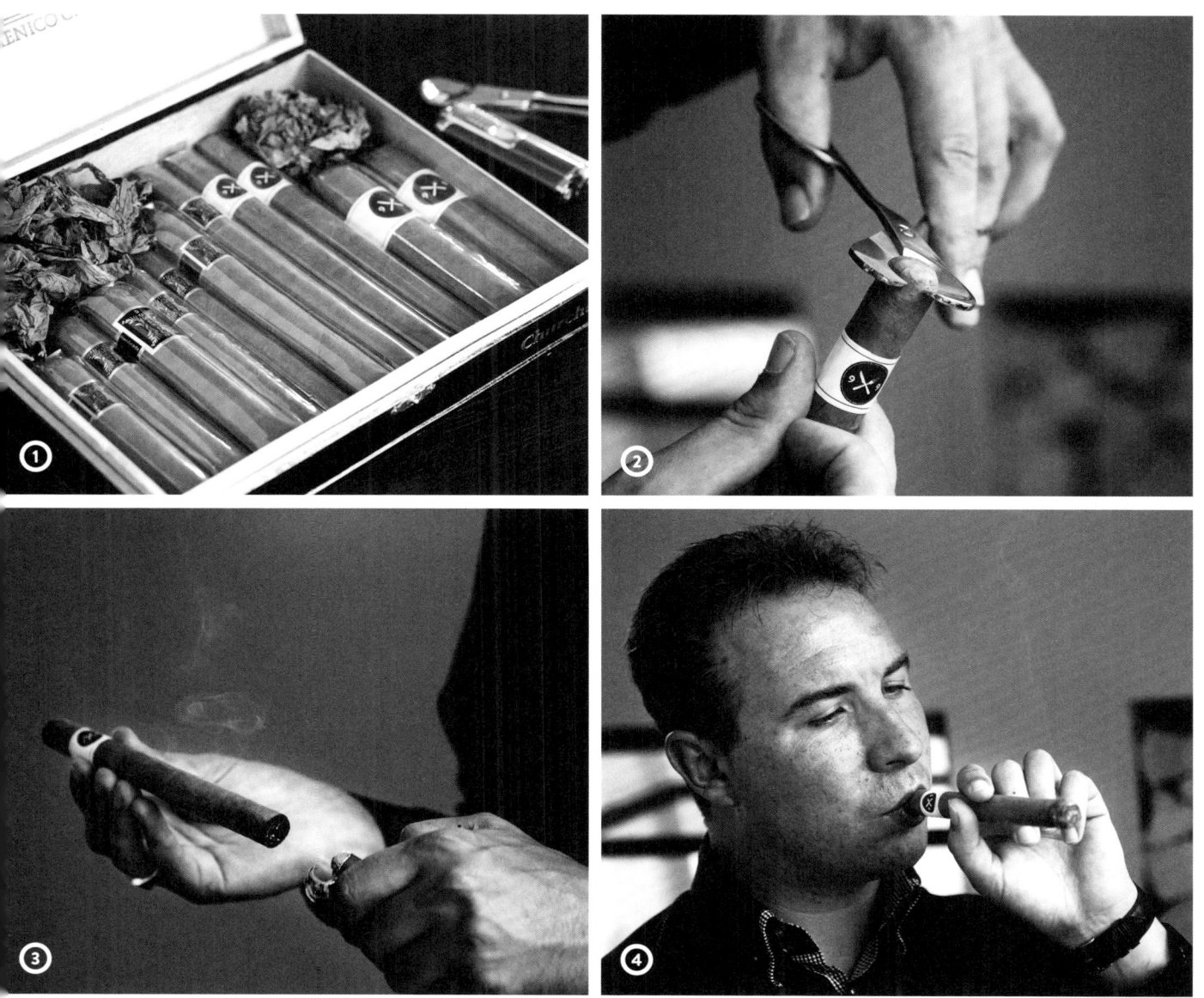

NEUNTER AKT

———

Nun, da alle satt, zufrieden und die Kerzen fast runtergebrannt sind und der letzte Zug gleich fährt, brechen die ersten Gäste auf. Wie bei der Begrüssung ist es uns wichtig, uns für jeden Gast einzeln Zeit zu nehmen. Das ist für uns ein schöner Moment, denn nun können wir mit jedem noch ein paar zusätzliche Worte wechseln. Wie das so ist, haben wir natürlich für alle viel zu wenig Zeit gehabt, schade eigentlich. Für uns ist es auch spannend zu erfahren, ob es unseren Gästen gefallen hat bei uns. Denn ihre Worte und die damit verbundenen bereichernden Begegnungen sind es, die uns motivieren. Daraus schöpfen wir Kraft für das anschliessende Aufräumen. Klar gibt es Dinge, die wir lieber machen, aber es gehört eben einfach dazu. Umso schöner ist natürlich, dass wir ein Team sind, in dem alle mit anpacken und auch mal vor Erschöpfung kaum mehr aufhören zu lachen. Meistens wird es nämlich ganz schön spät, bis wir müde, aber glücklich ins Bett fallen.

Umso schöner, wenn es dann Gäste gibt, die sich nach einem 9×9-Abend nochmals melden und sich bei uns bedanken. Wenn uns nämlich nette Nachrichten erreichen, sind auch wir einfach nur glücklich, zufrieden und dankbar – dankbar, solch tolle Gäste zu haben.

AUSKLANG

Der Abend neigt sich dem Ende zu. Als Gastgeber darfst du mit dem Geleisteten zufrieden sein und nun einfach den Moment geniessen. Die Gespräche und die lieben Menschen um dich herum sind es nämlich, welche die Einladung ausmachen. Wenn dann das Drumherum – Essen, Trinken und Dekoration – auch noch gestimmt hat, dann ist dies das gewisse Extra, das dich als leidenschaftlichen Gastgeber auszeichnet. Für einen gelungenen Ausklang solltest du jetzt noch auf Folgendes achten:

Gemässigter Lärmpegel

Je später der Abend, desto heiterer meist die Stimmung. Allerdings muss nicht die ganze Nachbarschaft etwas davon haben. Auf den Nachbarn im Pyjama kann man sicher verzichten, zudem willst du ja weiter hier wohnen. Hier liegt die Verantwortung bei dir – die Stimmung kannst du steuern, indem du die Lautstärke der Musik reduzierst, Getränke nur noch dezent einsetzt oder ein Thema lancierst, das die Stimmung nicht zusätzlich anheizt. Hast du als Gastgeber das Gefühl, dass es trotzdem zu laut wird, darfst du dies auch thematisieren. Die Gäste werden das verstehen.

Gäste «loswerden»

Jede Einladung hat eine «richtige» Dauer – damit ist keine mathematische Formel gemeint, sondern das Feingefühl, zu entscheiden: Wie lang ist zu kurz? Wie kurz ist lang genug? Das frühe «Rausschmeissen» von Gästen kann unhöflich wirken. Zieht sich aber der Abend zu sehr in die Länge, wird die Einladung zu späterer Stunde fast zur Last für dich als Gastgeber.

Die Frage, die sich nun stellt ist: Wie werde ich meine Gäste charmant los? Du willst ja die Gäste nicht rausschmeissen, sondern nur dezent zum Aufbruch bewegen. Auf jeden Fall kannst du behutsam Zeichen geben, die den Gästen unterschwellig den Wunsch eines baldigen Aufbruchs vermitteln. Als Zeichen eignen sich:

- **Abräumen:** langsam damit beginnen, das eine oder andere in die Küche zu tragen, ohne Hektik zu verbreiten.
- **Getränke:** Die Gläser leer werden lassen und alkoholische Getränke nur noch auf Verlangen nachschenken – Wasser muss selbstverständlich genügend vorhanden sein.
- **Kerzen:** herunterbrennen lassen und auch nicht ersetzen.
- **Gespräch:** Geschickt auf den nächsten Morgen lenken und dabei fast beiläufig erwähnen, dass du früh aufstehen musst, weil beispielsweise die Kinder abgeholt werden müssen oder du einen Termin hast.
- **Letzter Ausweg:** Wenn es die Gäste nicht merken und Anzeichen machen, noch Stunden sitzen zu bleiben, darfst du auch irgendwann sagen: «Ich bin etwas müde, würde es euch etwas ausmachen, wenn wir diesen gemütlichen Abend bei der nächsten Gelegenheit fortsetzen?»

Der Gast sollte diese Zeichen nicht ignorieren, denn der Gastgeber hat einen anstrengenden Tag hinter sich und sich viel Mühe gegeben. Auch wenn man gerne sitzen bleiben möchte; die Höflichkeit verlangt, dass der Aufbruch eingeläutet wird.

Der Gast will nach Hause

Es gibt fast nichts Schöneres, als sich nach einem strengen Arbeitstag an den Tisch setzen zu dürfen und sich verwöhnen zu lassen. Aber irgendwann setzt die Verdauung ein, man ist einfach nur müde und möchte gerne nach Hause. Für den Gast ist es einfach, er kann nämlich auf den strengen Arbeitstag oder die weite Rückfahrt hinweisen und sich bereits ein erstes Mal herzlich für die grosszügige Bewirtung und die gemütliche Stimmung bedanken.

Die Höflichkeit verlangt es, dass du nicht gleich nach dem Essen aufbrichst, sondern noch mindestens eine Stunde sitzen bleibst. Aber auch hier: Es ist immer situationsabhängig.

Gastgeberei-Tipp

GEHEIMCODE

Ist man als Paar eingeladen und der eine von beiden wird müde, hilft es, wenn man ein Zeichen hat. Man kann beispielsweise den anderen unter dem Tisch zweimal ins Bein kneifen oder ein Codewort verwenden. So weiss der andere, dass man gerne gehen möchte, und setzt nicht zur nächsten Runde Vieille Prune an. Übrigens, das gleiche funktioniert auch, wenn man den Partner diskret darauf hinweisen möchte, dass er weniger reden oder sich nicht in ein Thema verbeissen soll.

Ist der Moment gekommen, die Gäste zu verabschieden, gibt es einige Gesten der Aufmerksamkeit, die einen nachhaltig positiven Eindruck hinterlassen.

- Dem Gast die richtige Jacke hervorsuchen und ihm helfen, hineinzuschlüpfen.
- In Worten formulieren, wie sehr man sich gefreut hat, dass der andere da gewesen ist.
- Den Gast in Richtung Türe begleiten und sicherstellen, dass der Weg draussen gut beleuchtet ist.
- Wenn es regnet und der Gast keinen Schirm dabei hat, gibst du ihm einen von deinen mit. Achtung: nicht den eines anderen Gastes!
- Der Beziehung entsprechend verabschieden – herzlich bei Freunden und formell bei geschäftlichen Kontakten. Achtung: keinesfalls in die Falle tappen, zu herzlich zu werden, auch wenn die Stimmung angeheitert ist!
- Die Türe öffnen und den Gast passieren lassen. An der Türe stehen bleiben bis der Gast einige Schritte zurückgelegt hat und seine Aufmerksamkeit dem Weg und nicht mehr dir zuwendet.
- Es ist auch nicht verboten, stehenzubleiben und dem Gast allenfalls sogar nachzuwinken, bis er ausser Sichtweite ist.

GIVE-AWAY

Das sogenannte Gastgeschenk ist dazu gedacht, dem Gast für sein Kommen zu danken. Bei Firmenevents ist es heute Standard, und die Unternehmen versuchen, sich mit kreativen Ideen zu übertreffen.

Privat hat ein kleines Geschenk zum Abschied vor allem an grossen Feiern Einzug gehalten. Gerade an Hochzeiten möchten viele Paare ihren Gästen als Erinnerung an den besonderen Tag etwas mitgeben.

Möchtest du dies auch zu Hause machen, sollte es ein Geschenk sein, das zum Thema oder zum Menu des Abends passt. Es darf nichts Grosses sein, sonst fühlt sich der Gast unter Druck gesetzt. Blumen sind immer passend. Hast du im Eingangsbereich einen Bund Rosen positioniert, der dem Besuch schon bei der Ankunft aufgefallen ist («Wow, das sind ja schöne Rosen!»), ist es passend, wenn du zum Schluss des Abends spontan eine Rose herauspickst und den Gästen mitgibst. Auch Selbstgemachtes ist ein gutes Souvenir. Servierst du ein aromatisiertes Öl zum Brot, ist es eine schöne

Überraschung – vor allem wenn die Gäste das Öl genossen haben –, wenn du am Schluss ein kleines Fläschchen mitgibst. Dasselbe gilt für die selbst gemachten Pralinen, die zum Abschluss serviert wurden – ein paar davon in einen schönen Beutel füllen, ein Seidenband darum, eine Etikette mit «Danke» drauf, und fertig ist ein nettes Geschenk.

Etwas Kleines, aber eine schöne und oft geschätzte Aufmerksamkeit, ist das Mitgeben der Menukarte als Erinnerung. Dies ist nicht in jedem Fall angebracht, aber sicher dann, wenn die Einladung einen besonderen Anlass hatte, zum Beispiel eine Taufe. Haben die Gäste ein Gericht besonders gelobt oder sogar nach dem Rezept gefragt, kann dieses rasch kopiert und mit einer Schleife versehen spontan mitgegeben oder im Nachgang zugeschickt werden.

Reste als Give-away?

An einer unkomplizierten Sommerparty, zu der die Gäste selbst Speisen mitgenommen haben, ist es kein Problem, den Gästen auch Reste mit nach Hause zu geben. Bei einer gepflegten Einladung ist es dagegen weniger

üblich, einen «Doggie-Bag» anzubieten. Hier entscheiden deine Menschenkenntnis und dein Fingerspitzengefühl. Es liegt an dir, zu beurteilen, ob die Gäste dafür offen sind (wenn sie zum Beispiel das Essen sehr gelobt haben und du wirklich noch viel zu viel davon übrig hast).

Grundsätzlich ist es in der heutigen Zeit nicht mehr verpönt, Gästen zu viel Gekochtes als «Doggie-Bag» anzubieten. Sagt der Gast aber nein, ist dies kommentarlos zu akzeptieren.

Auf keinen Fall solltest du den Gast drängen, egal, wie schwer es dir fällt.

Sagt er ja, dann solltest du darauf auch vorbereitet sein. Schöne Boxen, die der Gast nicht gleich am nächsten Tag zurückgeben muss, sind optimal. Frischhaltetüten und -folien gehen selbstverständlich auch.

AUFRÄUMEN

Nachdem nun die Gäste weg sind, kehrst du zurück in Küche und Esszimmer. Trotz Aufräumen während des Essens – es wartet einiges an Arbeit auf dich. Das Motto heisst jetzt: nicht aufgeben! Es macht nämlich noch weniger Freude, diesem Chaos am nächsten Morgen zu begegnen.

Aber zuallererst geht es um dein Wohlbefinden: Lieblingsmusik aufdrehen (natürlich ohne die Nachbarn zu wecken), das Glas nochmals füllen (auch wenn es Wasser ist) und die Kleidung auf «praktisch» umstellen – Schürze wieder anziehen und das schicke Kleidungsstück gegen den Schlabberpulli austauschen.

Was kann direkt weggeräumt werden? Die Zuckerdose kurz abreiben, die Spirituosenflaschen zurück in die Hausbar stellen, die leeren Weinflaschen ins Altglas und die übriggebliebenen Friandises für den späteren Genuss verstauen. Damit hast du bereits in den ersten Minuten ein Erfolgserlebnis.

Spülmaschine

Räume nun den Tisch ab und fülle gleich die Spülmaschine mit allem, was dafür geeignet ist. Im Umgang mit der Spülmaschine sind Umweltsünden verbreitet. Daher solltest du auf folgende Punkte achten:

- Vorwaschen ist altmodisch: Die Teller grob von Essensresten befreien, denn moderne Geschirrspüler werden auch ohne Vorspülen mühelos mit dem Abwasch fertig.
- Voll beladen: Oft werden Geschirrspüler nicht maximal ausgelastet, deshalb möglichst voll beladen, aber so, dass immer noch alle Flächen vom Wasserstrahl getroffen werden. So sparst du zusätzliche Waschgänge.
- Lauwarm reicht: heiss gewaschen wird es nicht sauberer.
- Gläser können in die Maschine, wenn du diese als Gebrauchsgegenstand betrachtest und bereit bist, sie zu ersetzen, wenn sie nach einigen Jahren trüb werden sollten.
- Ziehe loses Spülpulver Tabs vor, denn der Reinigungseffekt ist besser und schont Besteck und Gläser. Ebenfalls wichtig ist es, beim basischen Glanzmittel auf die gleiche Marke zu setzen wie beim säurehaltigen Spülmittel – die chemische Formel der beiden ist aufeinander abgestimmt.
- Kurzprogramm wählen, damit du, sobald später die Maschine fertig ist, sofort die Türe öffnen und die mit Chemikalien angereicherte heisse Dampfmischung entweichen lassen kannst. So hast du den maximalen Trocknungseffekt und musst nichts polieren. Ausräumen kannst du die Maschine getrost auch am Morgen danach.

Abwasch von Hand

Wenn du besonders edle Gläser hast oder handbemaltes Geschirr von deinen Grosseltern, kommst du nicht darum herum, den Rest von Hand abzuwaschen. Am besten benutzt du dazu lauwarmes Wasser mit einem gering dosierten sanften Spülmittel. Ob Bürste oder Schwamm ist dir überlassen, es muss dir einfach gut in der Hand liegen. Vorsicht vor Glasbruch! Es gibt ein paar Tricks, dies zu verhindern. Einer davon ist, jedes Glas einzeln abzuwaschen und, so komisch es klingen mag, sich zu konzentrieren. Anschliessend Gläser in frischem Wasser ausspülen, damit keine Spülmittelspuren bleiben, und kopfüber auf ein sauberes Geschirrtuch stellen; so lassen sich Kalkflecken an den Rändern verhindern, und die Gläser rutschen nicht weg.

Abschluss

Nun kannst du die Blumen an einem kühlen Ort lagern, die Tischwäsche für die Reinigung vorbereiten und die Kerzenhalter reinigen. Danach einen feuchten Lappen mit wenig Spülmittel nehmen und den Tisch reinigen, fertig.

Gastgeberei-Tipp

POLIEREN OHNE BRUCH

Es empfiehlt sich, das Glas sorgfältig mit einem sehr
saugfähigen Leinentuch zu polieren. Dieses hinterlässt
nicht nur keine Fusseln, sondern «rutscht» auch gut
auf dem Glas und verhindert dadurch eine übermässige
Kraftübertragung, durch welche das Glas brechen kann.
Wer die Gefahr, das Glas beim Abtrocknen zu zerbrechen,
weiter verringern möchte, greift statt mit dem Daumen
mit den anderen vier Fingern ins Glas. Dies verteilt den
Druck auf die Glasinnenwand gleichmässiger.

ESSENSRESTE

Im Sinne einer nachhaltigen Lebensweise wandern Reste nicht in den Abfall, sondern werden aufbewahrt und zu einem späteren Zeitpunkt aufgebraucht. Wichtig ist, sie möglichst schnell aufzubrauchen, dann machen sie auch am meisten Freude.

Wein

Eine offene Flasche Wein hält ungefähr zwei bis fünf Tage. So lange kann man die Flasche fest verkorkt oder mit einem Vakuumverschluss im Kühlschrank aufbewahren. Je leerer die Flasche ist, desto rascher muss sie getrunken werden. Auch Rotwein darf in den Kühlschrank, muss aber vor dem Trinken zum Anwärmen wieder herausgenommen werden. Für Schaumwein und Champagner gibt es spezielle Korken, die fest auf der Flasche sitzen, damit die Kohlensäure nicht entweicht. Die Erfahrung zeigt übrigens, dass der Trick, bei dem ein Löffel in die Flasche gehängt wird, damit die Bläschen nicht entschwinden, leider nicht funktioniert.

Brot

Zu viel Brot gekauft? Dann ab in den Gefrierschrank damit! Kleinere Mengen wandern zurück in die Papiertüte vom Bäcker oder in einen Brotkasten.

Dabei unbedingt die Schnittfläche mit Folie abdecken. Brot vom Vortag kann man problemlos aufbacken. Damit es wieder knusprig-saftig daherkommt, wird die Kruste mit Wasser bestrichen und das Brot kurz im auf 180 °C vorgeheizten Ofen gebacken. Hartes Brot kann man auch für den Vorrat zu Paniermehl verarbeiten.

Fleisch / Fisch / Meeresfrüchte:

Zubereitetes, ganz durchgegartes Fleisch kann zugedeckt im Kühlschrank etwa zwei bis drei Tage aufbewahrt und je nachdem auch kalt gegessen werden. Fisch und Meeresfrüchte sind auch im gekochten Zustand etwas heikler und sollten spätestens am Folgetag aufgebraucht werden.

Gemüse / Früchte

Bereits gerüsteten und gewaschenen Salat gut trocknen und auf ein Haushaltspapier legen. Das Gleiche gilt für gerüstetes oder gekochtes Gemüse und aufgeschnittene Früchte. Idealerweise sollte alles am Folgetag konsumiert werden. Nicht gerüstetes Gemüse und Früchte halten je nach Sorte unterschiedlich lange. Bilden sich braune Stellen, können diese weggeschnitten werden.

Käse

Optimal ist es, den Käse abgedeckt und an einem dunklen Ort (zum Beispiel im Keller) zu lagern. Möchtest du die Haltbarkeit verlängern, dann ab damit in den Kühlschrank. Gewachstes Käsepapier verbessert die Lagerbedingungen, da der Käse so zwar atmen kann, aber nicht austrocknet. Hast du kein Käsepapier, funktioniert es auch mit Löchern in der Alufolie. Die einzelnen Käsesorten separat verpacken, damit sich die Aromen nicht mischen. Stark riechender Käse kommt zusätzlich in eine Kunststoffbox, damit nicht der ganze Kühlschrank sein Aroma annimmt. Bei Schimmelkäse ist es wichtig, ihn getrennt vom restlichen Käse aufzubewahren, damit der Schimmel nicht auf die anderen Käsesorten übergreifen kann.

Gefrierschrank

Der Gefrierschank ist praktisch für Verkochtes wie Kompott oder Frisches wie Beeren. Egal, was du im Gefrierschrank platzierst; überlege dir im Vorfeld die Portionierung, denn die Speisen müssen beim nächsten Auftauen komplett verzehrt werden – ein zweites Einfrieren ist nicht möglich. Es lohnt sich daher, Behälter zu besorgen, in denen sich auch kleinere

Portionen lagern lassen. Ebenfalls praktisch ist das Einfrieren in kleinen Säcken. Diese lassen sich platzsparend stapeln. So kannst du, wenn du allein zu Hause bist und nicht lang hinterm Herd stehen willst, im Handumdrehen eine Einzelportion der wunderbaren, lange eingekochten Sauce bolognese auftauen und über die schnell gekochten Spaghetti kippen.

Die eingefrorenen Produkte müssen mit einem Datum versehen werden. Ist der Tiefkühler gross, macht es allenfalls Sinn, eine Liste zu führen, um den Überblick zu behalten.

Mit etwas Kreativität entstehen aus den übriggebliebenen Nahrungsmitteln überraschende Neukreationen. Um dabei keinen «Reste-Touch» aufkommen zu lassen, empfiehlt es sich, die Nahrungsmittel anders zu kombinieren oder mit frischen Zutaten zu vermischen.

Hier einige Ideen für Rezepte mit Resten

- Aus dem Braten werden Ravioli della Casa mit Bratenfüllung oder ein sommerliches Vitello tonnato.
- Aus dem Gemüse wird mit etwas Rahm eine feine Crêpes-Füllung, ein bunter Gemüseauflauf oder eine Thaicurry-Sauce.
- Das Risotto wird zu Reisbällchen oder -plätzchen. Schmeckt angebraten gut zu einem frischen Salat.
- Die Polenta wird, grosszügig belegt mit Tomaten, Mozzarella und anderen passenden Resten, zur Polenta-Pizza.
- Das Geschnetzelte mit Gemüse sowie mit Pasta und Käse mischen und überbacken – fertig ist der Auflauf.
- Altbackenes Brot eignet sich in Scheiben geschnitten und getoastet für Bruschetta.
- Reste von Antipasti schmecken gut zum Salat oder werden zur Tapenade püriert.
- Reis und Couscous sind, ergänzt mit Gemüse und Trockenfrüchten, eine hervorragende Basis für einen vollwertigen Salat.
- Die Sauce kann mit frischen Tomaten, Tomatenmark und Hackfleisch ergänzt zu einem Sugo verkocht werden. Diesen zu Pasta geniessen oder daraus eine Lasagne entstehen lassen. Die Lasagne kann übrigens auch «roh» gefroren und zu einem späteren Zeitpunkt im Ofen gratiniert werden.
- Hast du eine entsprechende Maschine, können übrig gebliebene Nahrungsmittel auch gedörrt werden. Dafür eignen sich zum Beispiel gedämpftes Gemüse oder frische Pilze, die später als Suppeneinlage oder für ein feines Risotto zum Einsatz kommen. Auch Früchte lassen sich so haltbar machen.
- Früchte lassen sich wunderbar weiterverwerten – als Belag für die Wähe, eingekocht zu Kompott oder Konfitüre verarbeitet, für eine Glace usw.

Die Möglichkeiten sind schier unbegrenzt. Lässt sich aus den Resten bei aller Kreativität jedoch nichts Neues herstellen, bleibt immer noch die Möglichkeit, sie auf einem Teller oder in einem Gefäss schön anzurichten und im Steamer oder in der Mikrowelle aufzuwärmen.

NÄCHSTE EINLADUNG

Der Abend war ein Erfolg, und du hast schon wieder hundert Ideen, wen du mit wem zu was einladen könntest. Perfekt! Deine Gäste werden sich freuen, denn nach der Einladung ist vor der Einladung.

So bist du perfekt auf die nächste Einladung vorbereitet:

- Gläser und Besteck unbedingt polieren, damit du bei der nächsten Einladung die Gläser / das Besteck nur noch aus der Vitrine / Gläserbox nehmen kannst.
- Gläser immer aufrecht in ein verschlossenes Regal stellen. So nehmen sie den externen Duft weniger an, und die Gefahr, dass eines umfällt, ist kleiner.
- Reinigung der Tischtücher und Servietten so schnell wie möglich erledigen. Flecken, die sich einfressen, bringt man kaum mehr weg. Beides auch gleich ordentlich bügeln, damit du die Teile nur noch aus dem Schrank ziehen kannst.

- Kerzenständer, die Wachstropfen abbekommen haben, gleich reinigen und mit neuen Kerzen bestücken. Kerzenhalter in den leicht erwärmten Backofen stellen oder den Bunsenbrenner verwenden, damit sich das Wachs löst.
- Ein Gastgeber-Buch anlegen: darin das Datum, die Gäste und das Menü notieren, um bei denselben Gästen nie zweimal das Gleiche zu kochen.
- Rezepte, die du beim nächsten Mal ein wenig anders zubereiten willst, direkt im Koch- / Rezeptbuch korrigieren.
- Hast du dich beim Verarbeiten der Meeresfrüchte unsicher gefühlt? Wieso nicht mal wieder einen Kochkurs besuchen?
- Sind gewisse Basiszutaten während des Kochens oder während des Abends ausgegangen? Gleich einkaufen, so ist die Grundausstattung immer vorhanden.
- Haben bei der Zubereitung oder beim Essen bestimmte Gerätschaften gefehlt? Diese gleich auf die Wunschliste setzen.

Was lief gut am Abend, wo hat es Schwierigkeiten gegeben? Kochen und Gastgeben sind – wie so vieles im Leben – Übungssache. Nur wer immer und immer wieder Gäste einlädt, gewinnt an Erfahrung und Routine bei den Abläufen und Prozessen.

DANKE

GEGENEINLADUNG

Der Abend war ein Erfolg, die Gäste sind glücklich und zufrieden nach Hause gegangen, und du als Gastgeber freust dich, dass alles so gut gelungen ist.

Nun sind die Gäste an der Reihe. Ein guter, begeisterter Gast schickt am gleichen Abend eine SMS oder am nächsten Tag eine E-Mail, schreibt eine Dankeskarte oder gar einen Dankesbrief. War es wirklich ein aussergewöhnlicher Abend, darf er auch auf die Idee kommen, Blumen zu schicken oder ein kleines Geschenk in den Milchkasten zu legen. Die Gäste dürfen sich bedanken, müssen aber nicht. Du darfst also auch nicht enttäuscht sein, falls kein Dank kommt. Dies hat nichts damit zu tun, dass es den Gästen nicht gefallen hat, sondern ist ein Zeichen unserer Zeit. Der Alltag ist oft so turbulent, dass diese eigentlich so wichtigen kleinen Gesten leider vergessen gehen.

Als Gastgeber darfst du dich bei deinen Gästen natürlich dafür bedanken, dass sie den Abend mit dir verbracht haben. Insbesondere bei grossen Festen wie Hochzeiten, Geburtstagen usw. ist dies üblich. Hierbei ist es schön, wenn der rote Faden der Einladung weitergezogen wird, damit die Gäste die Gelegenheit erhalten, den Abend noch einmal Revue passieren zu lassen.

Der Volksmund sagt, dass auf eine Einladung eine Gegeneinladung folgt. Und oft hört man beim Abschied die Floskel: «Beim nächsten Mal dann bei uns.» Ist das zwingend nötig?

Es gibt viele Gründe, wieso es nicht gleich zu einer Gegeneinladung kommt. Ob dies persönlich oder geschäftlich bedingt ist, das Leben nimmt seinen Lauf, und die Zeit rast. Wichtig ist, deswegen nicht zu glauben, dass deine Einladung nicht gut genug war oder die Leute dich nicht mögen. In der Regel ist es nämlich ganz einfach: Der Alltag hat deine Gäste eingeholt.

Und wenn sich der Gast nicht traut, eine Gegeneinladung auszusprechen, weil alles so «perfekt» war? Oft erwähnen dies die Gäste bereits scherzhaft während des Essens. Hier sollte der Gastgeber vorsorgen, indem er zum Beispiel sagt: «Wir kochen sehr gerne und haben uns so gefreut, weil wir wissen, dass Ihr Geniesser seid. Ein unkompliziertes Essen schätzen wir aber genauso.»

Um in den Genuss einer Gegeneinladung zu kommen, gibt es nur eine Möglichkeit: hoffen! Ist etwas Zeit verstrichen und man trifft sich zufällig, darf selbstverständlich ein lockeres «Es wäre schön, wenn wir uns mal wieder zum Essen treffen» über deine Lippen kommen. Aber es gibt eben keine Verpflichtung zur Gegeneinladung, auch wenn diese bereits ausgesprochen wurde.

Und das bringt uns zur Essenz der Gastgeberei – nämlich zur Leidenschaft, Gäste zu verwöhnen. Sie ist in ihrem Kern selbstlos. Die Gründe, Gäste einzuladen, sind vielfältig, die Möglichkeiten, wie eine Einladung umgesetzt wird, noch vielfältiger. Aber eines ist sicher: Die Gäste kommen nicht, weil sie satt werden möchten, sondern um Zeit mit dem Gastgeber zu verbringen. Dies alleine wiegt alles andere auf.

Unser

9×9
MENU

———

Bei uns ist der Name Programm: Unser 9×9-Menu umfasst seit dem ersten Dinner immer 9 Akte – vom Apéro bis zu den Friandises als süssen Abschluss. In der ersten Saison trug das Menu an jedem 9. des Monats die ganz individuelle Handschrift eines neuen Kochs – sie waren es, die entscheiden konnten, was gekocht wurde. Für die zweite Saison entschieden wir uns, auf das Kochteam Fuchs & Corrà zu setzen, und so wurden die Köche zur Konstante. Dafür waren die Themen umso vielfältiger. Im Oktober war es «Ge-Nüss-licher Herbst», passend zum November «Meet z'igte», auf die Weihnachtszeit stimmten wir uns ein mit «See-sons Greetings», das neue Jahr startete im Januar mit «Happy New Beer», während es im Februar romantisch wurde mit «Bee my Wald 'n' Dine», als kleiner Fasnachtsrückblick hiess es im März «Safran-Znacht», passend zum April feierten wir «Rohe Ostern» und schliesslich als Hommage an den Muttertag zum Abschluss im 9. Monat «Mamas Pest».

Und jetzt? Wie immer, wenn im Rahmen unserer Dinner der nächste Akt serviert wird, ergreifen wir das Wort und machen eine Ansage, um zu erzählen, was die Gäste als Nächstes erwartet. Hier präsentieren wir dir nun unser 9×9-Menu für 9 Personen.

ERSTER AKT

Bundkarottentatar und Radieschenpesto vom Wochenmarkt
auf hausgemachtem Knäckebrot

ZUTATEN

3	Bundkarotten
2 EL	weisser Balsamico
4 EL	Olivenöl
1 PRISE	Zucker
½ BUND	Petersilie, glatt
	Fleur de Sel und Pfeffer

9	Radieschen
5 g	Schnittlauch
4 EL	Olivenöl
	Fleur de Sel und Pfeffer

125 g	Weissmehl
100 g	Vollkornmehl
5 g	Salz
2 TL	Backpulver
5 cl	Rapsöl
1,75 dl	Wasser

ZUBEREITUNG

Bundkarottentatar

Die Karotten schälen und an der Röstiraffel grob raffeln. Mit weissem Balsamico, Olivenöl, einer Prise Zucker, gehackter Petersilie, Fleur de Sel und Pfeffer abschmecken.

Radieschenpesto

Die Radieschen vom Grün trennen und waschen. Den Schnittlauch und die Radieschen in grobe Stücke schneiden. In ein Gefäss geben und die restlichen Zutaten beifügen. Mit dem Stabmixer kurz anmixen, bis sich die Zutaten leicht binden. Abschmecken mit Fleur de Sel und Pfeffer.

Knäckebrot

Alle Zutaten in eine Schüssel geben und von Hand zu einem glatten Teig kneten. Mit einem feuchten Tuch abdecken und 30 min ruhen lassen. Den Ofen auf 180 °C Umluft vorheizen. Den Teig auf etwas Mehl 3 mm dünn ausrollen. Auf ein mit Backpapier belegtes Blech legen, mit einer Gabel gut einstechen und mit Wasser bestreichen. Das Knäckebrot vor dem Backen nach Belieben mit Sesam, Sonnenblumenkernen, Mohn usw. bestreuen. Im Ofen während ca. 20–25 min backen. Sollte das Knäckebrot noch nicht knusprig sein, Temperatur auf 100 °C reduzieren und nochmals 10–15 min knusprig backen.

Anrichten

Knäckebrot brechen, Bundkarottentatar und Radieschenpesto darauf verteilen. Mit dem Grün von den Bundkarotten garnieren.

ZWEITER AKT

Lauwarmer Belugalinsensalat mit Jungspinat und pochiertem
Wachtelei an Himbeervinaigrette

ZUTATEN

200 g	Belugalinsen
90 g	Brunoise (Karotten, Knollensellerie, Lauch)
½ BUND	Petersilie, glatt
30 g	Jungspinat
	Fleur de Sel und Pfeffer
	weisser Balsamico
	Olivenöl

9	Wachteleier
2 EL	Weissweinessig

1	Schalotte
50 cl	Himbeeressig
100 cl	Rapsöl
1 SCHALE	Himbeeren
	Fleur de Sel und Pfeffer

ZUBEREITUNG

Belugalinsensalat mit Jungspinat

Die Belugalinsen im Wasser weich kochen und danach abschütten. Bundkarotten, Knollensellerie und Lauch zu je einem Drittel sehr klein würfeln. Die Brunoise in einer Pfanne mit Olivenöl kurz anziehen. Mit den Linsen mischen und mit weissem Balsamico, Olivenöl, Petersilie gehackt, Fleur de Sel und Pfeffer abschmecken. Der Jungspinat dient als Beet für das pochierte Wachtelei.

Pochiertes Wachtelei

Das Wasser in einer Pfanne auf 80 °C erhitzen und den Essig dazugeben. Ein Wachtelei in eine Kelle aufschlagen und vorsichtig ins Wasser gleiten lassen. Für ca. 1 min pochieren, danach in kaltes Wasser geben und auskühlen lassen. Das Ganze neunmal wiederholen.

Himbeervinaigrette

Die Schalotte in kleine Würfel schneiden, mit Himbeeressig und Rapsöl mischen. Mit Fleur de Sel und Pfeffer abschmecken.

Anrichten

Belugalinsensalat in den Teller geben, Jungspinat wie ein Beet auf den Salat geben, das pochierte Wachtelei obendraufsetzen, Himbeervinaigrette drumherumträufeln und mit Himbeeren garnieren.

DRITTER AKT

Wurzelcrèmesüppchen mit Thymian und knuspriger Bierwurst

ZUTATEN

150 g	Zwiebeln
150 g	Pastinake
200 g	Petersilienwurzel
100 g	Knollensellerie
60 g	Fenchel
200 g	Lauch
2	Bundkarotten
40 g	Butter
2 dl	Weisswein
1 l	Gemüsebouillon
2,5 dl	Rahm
	Salz und Pfeffer

1 dl	Olivenöl
1 BUND	Thymian
1	Knoblauchzehe
1	Zitrone

2	grobe Schweinswürste
1 dl	Bier nach Wahl

ZUBEREITUNG

Wurzelcrèmesüppchen
Zuerst das Gemüse rüsten und in grobe Stücke schneiden. Danach alles für 10 min in Butter dünsten. Mit Weisswein ablöschen und reduzieren. Mit Bouillon auffüllen und das Gemüse weichkochen. Mit dem Stabmixer alles fein mixen und durch ein Sieb passieren. Rahm hinzufügen, mit Salz und Pfeffer abschmecken.

Thymianöl
Thymian in das Olivenöl geben, den Knoblauch leicht andrücken und beifügen. Die Zitrone gut waschen, danach trocknen, Zesten reissen und beifügen.

Knusprige Bierwurst
Die groben Schweinswürste aus dem Darm drücken und in das Bier einlegen, mindestens 2 Stunden, besser über Nacht. Die Wurstmasse aus dem Bier nehmen und in der Bratpfanne knusprig braten.

Anrichten
Wurzelcrèmesüppchen mit dem Stabmixer aufschäumen, mit einer Kelle in den Teller geben, Thymianöl mit einem Löffel auf der Oberfläche verteilen und die knusprige Bierwurst drüberstreuen.

VIERTER AKT

Hausgebeizter Lachs mit Schaumwein-Espuma und Schnee
vom Limonenöl

ZUTATEN

500 g	Lachsfilet mit Haut
30 g	Salz
20 g	Zucker
2 cl	Wodka
1	Zitrone
½ BUND	Dill
6	Pfefferkörner

5 dl	Prosecco
10 g	Zucker
1 ZWEIG	Minze
10 BLATT	Gelatine
2	Kisag-Patronen

2 dl	Olivenöl
1 dl	Wasser
5 cl	Limonensaft
1 EL	Maizena
	Fleur de Sel

ZUBEREITUNG

Hausgebeizter Lachs

Den Lachs mit dem Wodka einreiben und Pfefferkörner mit Mörser zerkleinern.
Salz, Zucker, Dill und Pfefferkörner vermischen und über den Lachs geben.
Die Zitrone in Scheiben schneiden und auf den Lachs legen. Für mindestens
24 Stunden zugedeckt im Kühlschrank beizen.

Schaumwein-Espuma

Die Gelatineblätter in kaltem Wasser einweichen. Prosecco mit Zucker und
Minze aufkochen. Gelatineblätter aus dem Wasser nehmen und gut ausdrücken.
Zum Prosecco geben und unter umrühren nochmal kurz aufkochen. Durch ein
Sieb in den Kisag-Bläser füllen und mehrere Stunden warten, bis die Flüssigkeit
kalt ist. Vor dem Servieren die Patronen in den Kisag-Bläser geben und sehr gut
schütteln.

Schnee vom Limonenöl

Das Olivenöl mit dem Wasser und dem Limonensaft aufkochen. Mit Maizena
binden und mit Fleur de Sel abschmecken. Ein Gefäss mit Klarsichtfolie ausklei-
den, Masse hineingeben und über Nacht einfrieren. Beim Servieren die gefrorene
Masse auf ein Brett stürzen und mit Hilfe eines Messers Schicht für Schicht
abkratzen, sodass Schnee entsteht.

Anrichten

Vom gebeizten Lachs die Haut entfernen, hauchdünn aufschneiden.
Proseccoschaum auf einen Teller spritzen und den Lachs geschwungen auf den
Schaum legen. Den geschabten Schnee vom Limonenöl darüber verteilen.

FÜNFTER AKT

Glace von Fior di Latte mit Fleur de Sel und Pinienkernen

ZUTATEN

2 dl	Milch
150 g	Zucker
150 g	Mascarpone
3 dl	Rahm

45 g	Pinienkerne
30 g	Zucker
	Fleur de Sel

ZUBEREITUNG

Glace von Fior di Latte

Die Milch mit dem Zucker aufkochen, den Mascarpone dazugeben und auskühlen lassen. Den Rahm halb steif schlagen und darunterheben.
Alles in die Eismaschine geben und gefrieren lassen. Wenn keine Eismaschine vorhanden ist, im Tiefkühler unter gelegentlichem Rühren mindestens 4 Stunden gefrieren.

Pinienkerne

Den Zucker in einer Pfanne karamellisieren und die Pinienkerne dazugeben. Auf ein Backpapier geben und erkalten lassen. Wenn sie kalt sind, mit einem Messer zerkleinern.

Anrichten

Aus der Glace Kugeln formen, auf den Pinienkerne-Boden legen und mit wenig Fleur de Sel bestreuen.

SECHSTER AKT

Duo vom geschmorten Kalbsbäggli und Rindsentrecôte auf
Kräuterrisotto und knackigem Gemüse vom Markt

ZUTATEN

9	Kalbskopfbäggli
2	Zwiebeln
1 l	Kalbsfond
1 ZWEIG	Thymian
9	Pfefferkörner
	Salz
	Öl zum Anbraten

750 g	Jungrindsentrecôte
9 ZWEIGE	Rosmarin
	Salz und Pfeffer
	Öl zum Anbraten

600 g	Risotto-Reis
2	Zwiebeln
2 dl	Weisswein
1,5 l	Gemüsebouillon
200 g	Parmesan
100 g	Butter
DIVERSE	Kräuter

800 g	Marktgemüse
20 g	Butter

ZUBEREITUNG

Geschmorte Kalbsbäggli

Die Kalbsbäggli in Öl auf allen Seiten kurz anbraten, anschliessend würzen.
Die Zwiebeln vierteln und mitbraten. Alles in eine Gratinform geben. Den
Kalbsfond, den Thymianzweig und die Pfefferkörner aufkochen und zu den
Kalbsbäggli geben. Abgedeckt für ca. 2–3 Stunden bei 150 °C im Ofen schmoren.
Die Kalbsbäggli herausnehmen und die Sauce auf die gewünschte Dicke
reduzieren. Evtl. mit Maizena binden.

Jungrindsentrecôte

Das Jungrindsentrecôte in 9 gleich grosse Stücke schneiden, mit Salz und Pfeffer
würzen. Beidseitig mit den Rosmarinzweigen in Öl anbraten. Im Ofen mit dem
Rosmarin bei 100 °C auf die gewünschte Garstufe garen.

Kräuterrisotto

Die Zwiebeln fein würfeln und mit dem Reis in einer Pfanne glasig dünsten.
Mit dem Weisswein ablöschen und reduzieren. Die Gemüsebouillon heiss dazugeben und unter gelegentlichem Rühren köcheln lassen, bis der Risotto eine cremige Konsistenz hat. Zum Schluss den geriebenen Parmesan, die Butter und die
gehackten Kräuter dazugeben. So lange rühren, bis die Butter komplett geschmol-
zen ist. Mit Salz und Pfeffer abschmecken.

Knackiges Gemüse vom Markt

Das Gemüse rüsten. Jede Gemüsesorte in einer anderen Form schneiden (zum
Beispiel Würfel, Stäbchen, Schnitze ...). Alle einzeln in kochendem Salzwasser
knackig blanchieren und in kaltem Wasser abschrecken. Am Schluss die Gemüse-
mischung mit Butter und ein bisschen Wasser in einer Pfanne wärmen. Mit Salz
und Pfeffer abschmecken.

Anrichten

Kräuterrisotto und Gemüse auf dem Teller anrichten. Das Kalbsbäggli mit der
eigenen Sauce ebenfalls. Das Jungrindsentrecôte schräg tranchieren und darauflegen. Mit dem Rosmarin garnieren.

SIEBTER AKT

Ziegenfrischkäse mit zweierlei Birne

ZUTATEN

180 g	Ziegenfrischkäse
9 EL	Birnendicksaft
2	Birnen
40 g	Zucker
	Zitronensaft
	Brot

ZUBEREITUNG

Ziegenfrischkäse mit zweierlei Birne

Die Birnen schälen und in sehr kleine Würfel schneiden und mit dem Zucker und wenig Zitronensaft mischen. Den Ziegenkäse in 2 x 9 Stücke schneiden.

Die Mischung auf die Ziegenkäseportionen geben und mit einem Bunsenbrenner flambieren. Die restliche Masse zu Nocken formen.

Anrichten

Mit einem Esslöffel den Birnendicksaft dekorativ auf den Teller ziehen.

Den Ziegenkäse draufsetzen. Mit den Birnennocken garnieren.

Dazu Brot servieren.

ACHTER AKT

Tiramisu vom Chriesi-Kuchen mit Amarettikrokant

ZUTATEN

2	Eier
75 g	Zucker
70 g	Sonnenblumenöl
125 g	Weissmehl
1 TL	Backpulver
25 g	Maizena
75 g	Schokoladenraspel
75 g	Milch
200 g	Kirschen
100 g	Puderzucker
4	Eigelb
2	Eiweiss
500 g	Mascarpone
1	Zitrone
50 g	Butter
50 g	Zucker
50 g	Weissmehl
50 g	Mandeln
5 cl	Amaretto
1 BUND	Minze

ZUBEREITUNG

Chriesi-Kuchen

Den Ofen auf 180 °C vorheizen. Die Kirschen entsteinen. Eier schaumig aufschlagen, dann nach und nach den Zucker einrieseln lassen und weiterschlagen, bis die Masse dickcremig wird. Das Öl nach und nach einlaufen lassen, dabei immer weiterschlagen. Anschliessend Mehl, Stärke, Backpulver und Schokoladenraspel mischen und mit der Milch unter die Eiermasse rühren. Zuletzt die Kirschen beigeben und in einer passenden Form mindestens 15 min backen.

Tiramisu

Puderzucker, Eigelb und Mascarpone cremig rühren. Abrieb der Zitrone dazugeben. Das Eiweiss steif schlagen und vorsichtig unterheben.

Amarettikrokant

Gemahlene Mandeln und Butter (Zimmertemperatur) mit allen Zutaten vermischen. Allenfalls noch ein bisschen Mehl dazugeben, wenn die Masse zu flüssig ist. Auf dem Backblech verteilen und bei 180 °C rund 7 min backen, bis der Krokant goldbraun ist.

Anrichten

Den Chriesi-Kuchen ganz oder in Stücke gebrochen in ein Glas geben, die Tiramisumasse mit einem Löffel obendraufsetzen und mit dem Amarettikrokant bestreuen. Mit Minze dekorieren.

NEUNTER AKT

Knallige Passionsfrucht-Truffes

ZUTATEN

150 g	Schokolade
4	Passionsfrüchte
1 BEUTEL	Knallzucker
50 g	Zucker

ZUBEREITUNG

Knallige Passionsfrucht-Truffes
Fruchtfleisch der Passionsfrüchte durch ein Sieb ziehen, um dieses von den Kernen zu lösen. Die Schokolade mit dem Passionsfruchtpulp über dem Wasserbad schmelzen. Die Masse im Kühlschrank für ca. 3 Stunden erkalten lassen. Zu kleinen Truffes formen.

Anrichten
Knallzucker und Zucker mischen und die Truffes darin wenden. Statt Knallzucker kann Puderzucker, Schokopulver oder eine Mischung daraus verwendet werden. Hervorragend zur Geltung kommen die kleinen Truffes auf einer Etagère.

DIE EINKAUFSLISTE FÜR 9 PERSONEN

☑ Die Produkte, die zu Hause vorhanden sind, mit einem Häkchen versehen.

Fleisch / Fisch

- ○ 750 g   Jungrindsentrecôte
- ○ 9   Kalbskopfbäggli
- ○ 500 g   Lachsfilet mit Haut
- ○ 2   Schweinswürste, grob

Gemüse

- ○ 2   Birnen
- ○ 6   Bundkarotten, mittelgross
- ○ 200 g   Kirschen
- ○ 60 g   Fenchel
- ○ 1 Schale   Himbeeren
- ○ 30 g   Jungspinat
- ○ 1   Knoblauchzehe
- ○ 130 g   Knollensellerie
- ○ 230 g   Lauch
- ○ 2   Limonen
- ○ 800 g   Marktgemüse
- ○ 4   Passionsfrüchte
- ○ 150 g   Pastinaken
- ○ 200 g   Petersilienwurzel
- ○ 9   Radieschen
- ○ 1   Schalotte, klein
- ○ 3   Zitronen
- ○ 300 g   Zwiebeln

Kräuter

- ○ 1 Bd.   Dill
- ○ div.   Kräuter (für Risotto)
- ○ 1 Bd.   Minze
- ○ 1 Bd.   Petersilie, glatt
- ○ 1 Bd.   Rosmarin
- ○ 1 Bd.   Schnittlauch
- ○ 1 Bd.   Thymian

Milchprodukte / Eier

- ○ 210 g   Butter
- ○ 6   Eier
- ○ 650 g   Mascarpone
- ○ 3 dl   Milch
- ○ 200 g   Parmesan, gerieben
- ○ 5,5 dl   Rahm
- ○ 9   Wachteleier
- ○ 180 g   Ziegenfrischkäse

Trockenprodukte

- ○ 5 cl   Amaretto
- ○ 3 TL   Backpulver
- ○ 2 EL   Balsamico, weiss
- ○ 200 g   Belugalinsen
- ○ 1 dl   Bier (nach Wahl)
- ○ 9 EL   Birnendicksaft
- ○   Brot
- ○   Fleur de Sel
- ○ 10 Bl.   Gelatine
- ○ 2,5 l   Gemüsebouillon
- ○ 50 cl   Himbeeressig
- ○ 1 l   Kalbsfond
- ○ 2   Kisag-Patronen
- ○ 1 Bt.   Knallzucker
- ○ 50 g   Mandeln, gemahlen
- ○ 30 g   Maizena
- ○ 4 dl   Olivenöl
- ○   Pfefferkörner
- ○ 45 g   Pinienkerne
- ○ 5 dl   Prosecco
- ○ 100 g   Puderzucker
- ○ 105 cl   Rapsöl
- ○ 600 g   Risotto-Reis
- ○ 40 g   Salz, fein
- ○ 125 g   Schokolade
- ○ 70 g   Sonnenblumenöl
- ○ 100 g   Vollkornmehl
- ○ 300 g   Weissmehl
- ○ 4 dl   Weisswein
- ○ 2 EL   Weissweinessig
- ○ 2 cl   Wodka
- ○ 375 g   Zucker

Legende

Bl. = Blatt	dl = Deziliter	kg = Kilogramm
Bd. = Bund	El = Esslöffel	l = Liter
Bt. = Beutel	Fl. = Flasche	TL = Teelöffel
cl = Centiliter	g = Gramm	

SCHLUSS-
AKT

———

Schön, bist du unserer Einladung durch das Buch hindurch gefolgt. Wie du weisst, dürfen sich auch Gastgeber bedanken – so also auch wir. Wir möchten all jenen unseren Dank aussprechen, die mit uns das 9x9 zu dem gemacht haben, was es geworden ist, und dieses Buch unterstützt haben.

DANK

9x besonderer Dank gilt:

1. Unserem Buchteam

Daniela Schmid von der Agentur Planet GmbH für das überaus gelungene Layout und ihrem Geschäftspartner Silvan Kaeser sowie dem Team dafür, dass sie ihr den Rücken freigehalten haben.

Simone Vogel und Claudia Linsi, unseren Fotografinnen, für die Visualisierung unserer Gedanken in wunderschönen Bildern.

Anaïs Walde für die Publikation und den Vertrieb durch den Applaus Verlag, Katharina Blansjaar für die kritische Überarbeitung unserer Texte, Diction AG für das genaue Korrektorat sowie Sandro Blättler und Edi Engelberger für die Umsetzung durch die Engelberger Druck AG.

2. Unseren 9x9-Partnern

Lieferanten und Produzenten, die immer wieder dafür sorgen, dass es bei uns schön aussieht, wir die richtigen Zutaten verwenden und wir unsere Gäste verwöhnen können.

3. Unseren 9 Experten

Die mit uns ihr Wissen geteilt, viel Herzblut in die Texte gesteckt und für spannende Gastgeberei-Tipps gesorgt haben.

4. Unseren Unterstützern

All jenen, die spontan ein Buch (vor-)gekauft, uns beim Crowdfunding unterstützt oder einen Beitrag geleistet haben.

5. Unseren Liebsten

Die Monate der Buchproduktion waren intensiv, unsere Zeit knapp. Unsere Familien und Freunde haben auf uns verzichtet, uns verwöhnt und tagtäglich motiviert, für unser Herzensprojekt über uns selbst hinauszuwachsen.

Dies gilt auch für unsere Teams von Fidea Design, der Corbeau und Wirzhaus AG, die uns die Zeit gegeben haben, uns diesem Buch zu widmen.

6. Unseren Locations

Den B16-Partnern, die mit viel Idealismus im Abbruchhaus eine Designplattform geschaffen haben. Dank der einzigartigen Ausstattung konnte das 9x9 vor Ort und im Buch entstehen.

7. Unserem Team

All den kreativen (Stör-)Köchen, dem Sommelier, dem Serviceteam und unseren spontanen Helfern, die unsere Gäste jedes Mal aufs Neue mit 9 Akten kulinarisch verwöhnt und unsere Auffassung von Gastgeberei mit viel Engagement mitgelebt haben.

8. All unseren Gästen

Die sich ohne zu zögern auf das Experiment eingelassen haben und über die Zeit zu Freunden geworden sind. Allen, die an unseren Tischen Platz genommen und vielen anderen von unserer Idee erzählt haben.

9. Und natürlich dir!

Dafür, dass du unser Buch gelesen hast. Wir hoffen, damit einen Beitrag für viele gelungene Einladungen geleistet zu haben. Und wir freuen uns auf deine Erlebnisberichte, Inputs und Fragen. Schreib uns an: hunger@9mal9.ch.

Und speziell Danke an:

Alessandra Roversi, Alice & Paul Haener Krauer, Anaïs Walde - APPLAUS Medien AG, André Bachmann - SPHINX Lichttechnik AG, André Neumeier, Andrea & Matthias Zettel, Andreas Büttikofer - ProBus Technik AG, Andreas Kleeb, Andreas Stebler - Planet GmbH, Andy Durrer - ISP Küchen Kriens AG, Andy Nanz - Trendform AG, Andy Wolf, Angela & Urs Unternährer Christen, Anita Zehnder, Anja & Stefan Kaufmann, Anna & Olivier Portmann - kukui GmbH, Anna Pearson, Ariane Friz-Hubatka, Arno Heijboer - Hammel AG, Assia Kassabova, Barbara Kress, Barbara Schuler & Ueli Bründler, Bea Weinmann, Beatrix Imhof - Planet GmbH, Benedik Hodel, Benjamin Egli, Bernadette Schmid, Birgit Roller - Casa Tessuti, Brigitte Stöckli, Bruno Koch & Team - Allgemeine Baugenossenschaft Luzern (ABL), Carla Camenzind, Chantal & Alex Staubli, Charles Gallo, Christa Dengel, Christian Werder, Christiane & Urs Korner, Christine & Stefan Weber-Müller, Christine Strübin, Christoph Bücheler, Christoph Bürge, Christoph Schmitz, Claudia Erni, Claudia Linsi, Claudia Züllig - Hotel Schweizerhof Lenzerheide, Conni Muggli, Corinne & Philipp Berger, Dani Steigmeier, Daniel Merz - Beelk Services AG, Daniel

Pfenniger - Pfenninger AG, Daniel Sturzenegger, Daniela & Samuel Jacxsens, Daniela Buchwalder Wäfler, Daniela Schmid - Planet GmbH, David Bächtold, Diana Dudas - Orea AG, Dominik Grossenbacher, Dominik Hodel, Dorothee Dähler, Edi Engelberger - Engelberger Druck AG, Erich Slamanig, Erika & André Küchler Imfeld, Eva-Maria Bucher Haefner, Evelyne Rast - Rast Kaffee, Felicia Di Pasquale, Flavia Kippele, Florian Bächler, Franziska Gnos, Gästival - Verein 200 Jahre Gastfreundschaft Zentralschweiz, Gianluca Etienne, Gion-Duri & Matteo Linsi, Guido Fuster - Guidolio, Guido Korner, Hans Peter, Helen & Heini Budmiger, Ina Banik, Irene von Moos, Ivo Bachmann, Jana Aregger - Planet GmbH, Jasmin Stutz, Jeanne Andres, Jennifer Kießling, Jens Stahel, Juerg Mueller, Julia Holzgreve, Jürg Emmenegger - Ramseier Suisse AG, Karin & Elmar Auf der Maur, Karin & Patrick Saxer, Karin Müller, Katarina Blansjaar, Katharina Steiner - Die Zuckerbäckerin, Kevin Rechsteiner, Klaus Oberholzer, Kuno Schweizer, Lilian Schäfer, Lillian Fischer, Linda Schwenk - Mineralquelle Bad Knutwil AG, Lisa Buchecker - CASCADE GmbH, Longin Korner, Luc Theler & Isabel Gedig, Lukas Alber, Manuel Alonso - Planet GmbH, Manuel Wisendanger - Sibler AG, Marc

Pfenniger - Pfenninger AG, Rohrbach - Laurent-Perrier Suisse SA, Marco Amos, Margrit Christen & Bernard Trachsel, Maria & Marcel Büeler Zischler, Mark Bünzli, Markus Aeschbach - Aeschbach Chocolatier AG, Markus Baumann - Sbrinz Käse GmbH, Markus Cinnanti, Markus Lauber, Markus Lötscher, Markus Zeder, Marlise Béguin, Matthias Müller, Melanie Kunz, Mette Skouhus & Aldo Bombelli, Michael Bach - CeCo Ltd, Michael Kolp, Michèle Ségouin, Michèle Trachsel, Mirjam Oertli, Monica & Hanns Popp, Monika Wydler, Morris Vogel, Nicola & David Zimmermann, Nicole & Ralf Dubach, Nicole & Thomas Staubli, Nicole Giovanoli, Nicole Renggli, Nina Schennach, Noémie Staubli, Oliver Emmenegger - MVM AG, Pascal Nussbaumer - Campari Schweiz AG, Pascal Wirz, Paul Philipp Hug, Peter Bründler, Peter Müller - VCW Versicherungs-Treuhand AG, Peter Reith, Petra Studer, Philipp Roth, Pia Wyss, Pierina Maibach - Campari Schweiz AG, Priska Trautwein - BlütenBlatt, Rahel Röllin, Renate & Norbert Kühnis, Reto Stöckli, Rita & Hölzi Buholzer, Rita Zicola, Roger Bischof, Roger Huber - Gediegen.ch, Roger Koch - Diction AG, Roland Simmen, Roman Bucher - Foletti Bucher Malerei GmbH, Romana Iwuji, Ron Prêtre, Röne Gebhard, Sabrina Peter, Salome Fuchs, Salomé Staubli, Samuel

Staubli, Samuel Vörös, Sandra & Marco Rudolf - Smoker Trade GmbH, Sandro Blättler - Engelberger Druck AG, Sandro Corrà - Fuchs & Corrà AG, Sandro Küpfer, Sara Henzmann, Sasa & Crt Gosar Sebastian Hohl, Sebastian Staubli Serena Sauter - Planet GmbH, Shipho Mabona, Sibylle Kunz &, Christian Ulmer - ellybis, Silvan Kaeser - Planet GmbH, Simone Vogel, Simone von Rickenbach, Stefan Albisser, Stefan Egli, Stefan Päplow, Stefan Schürch - Schürch Getränke AG, Stefan Walter, Stefan Westmeyer - Girsberger AG, Stefan Winiger - Kulinariker, Stefanie & Urs Niederer, Stefanie Ringel - Schöner Wohnen, Stéphanie Fässler & Robert Zupan, Stephanie Waller, Sylvan Müller, Therese Müller, Thierry Fuchs - Fuchs & Corrà AG, Thomas & Ruedi Müller - Julian Müller AG, Thomas Nussbaumer, Thomas Regez, Tina & Beat Frank-Tobler, Tina Braun & Philipp Winiger, Tina Schmid, Tina Vorsteher, Tom Jonasse, Toni Odermatt - Geissäheimet Meierskälen, Toni Schürch - Schürch Getränke AG, Ueli Hubeli, Ursina Keller, Ursula Voser, Verena Bieri & Martin Bründler, Viktor Baumann, Vreni & Paul Müller, Yvonne Gsell, Yvonne Häberli

REGISTER

REGISTER

IMPRESSUM

ISBN 978-3-03774-068-2

1. Auflage 2015
©2015 APPLAUS Medien AG

© Texte: Franziska Bründler und
   Simone Müller-Staubli
© Bilder: Simone Vogel und
   Claudia Linsi

Bilder Postkarten auf Seiten 56-57:
Gartenzeit von Photodesign - Art
Edition Hinwil, Jasskarten mit Tafel -
Kleinbild Verlag Ebikon, restliche
Karten - ellybis Schaffhausen

www.9mal9.ch
www.applausverlag.ch

Idee und Texte
Franziska Bründler und
Simone Müller-Staubli

Gestaltung
Daniela Schmid und Team Planet GmbH,
www.planet-luzern.ch

Fotografie
Simone Vogel, www.379.ch
Claudia Linsi, www.claudialinsi.com

Retouche
Simone Vogel, www.379.ch

Lektorat
Katharina Blansjaar, www.rinneke.ch

Korrektorat
Diction AG, www.diction.ch

Litho und Druck
Engelberger Druck AG,
www.engelbergerdruck.ch